世交通家

海平尹氏 世乘

영인본

世交通家

海平尹氏 世乘

영인본

윤제규 編著
서정기 勘校

한국학술정보[주]

一世, 二世, 三世, 墓域
慶北善山郡海平面

四世墓域
忠北槐山郡笑梅里

八世, 九世, 十世, 十一世墓域
義政府市 新谷洞 松山

九世神道碑

十世神道碑

十二世墓域
楊平郡 龍門面 曺峴里

十二世南岳公神道碑

十二世，十三世案山

十二世南岳公影幀

十二世南岳公手決

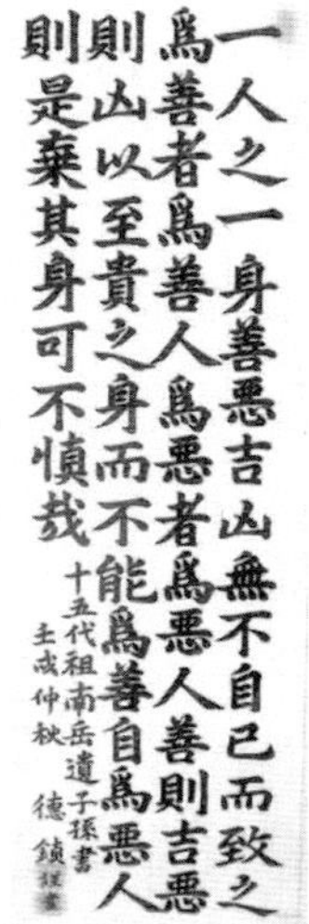
一人之一身善惡吉凶無不自己而致之
爲善者爲善人爲惡者爲惡人善則吉惡
則凶以至貴之身而不能爲善自爲惡人
則是棄其身可不愼哉
十五代祖南岳遺子孫書
壬戌仲秋 德鎭謹書

十二世南岳遺子孫書
(二十七世德鎭씀)

十三世墓域
楊平郡 龍門面 曺峴里

十五世墓域
驪州郡 占東面 沙谷里

十四世, 十七世, 十八世, 十九世, 二十世,
二十一世, 二十二世, 二十三世, 二十四世, 二十五世,
二十六世, 二十七世, 墓
驪州郡 占東面 沙谷里

十六世墓域
驪州郡 占東面 沙谷里

上 十七世墓, 下 二十四世墓
양주시 광사동 295

二十三世 扐堂先生肖像

二十三世 扐堂先生 詩稿親筆

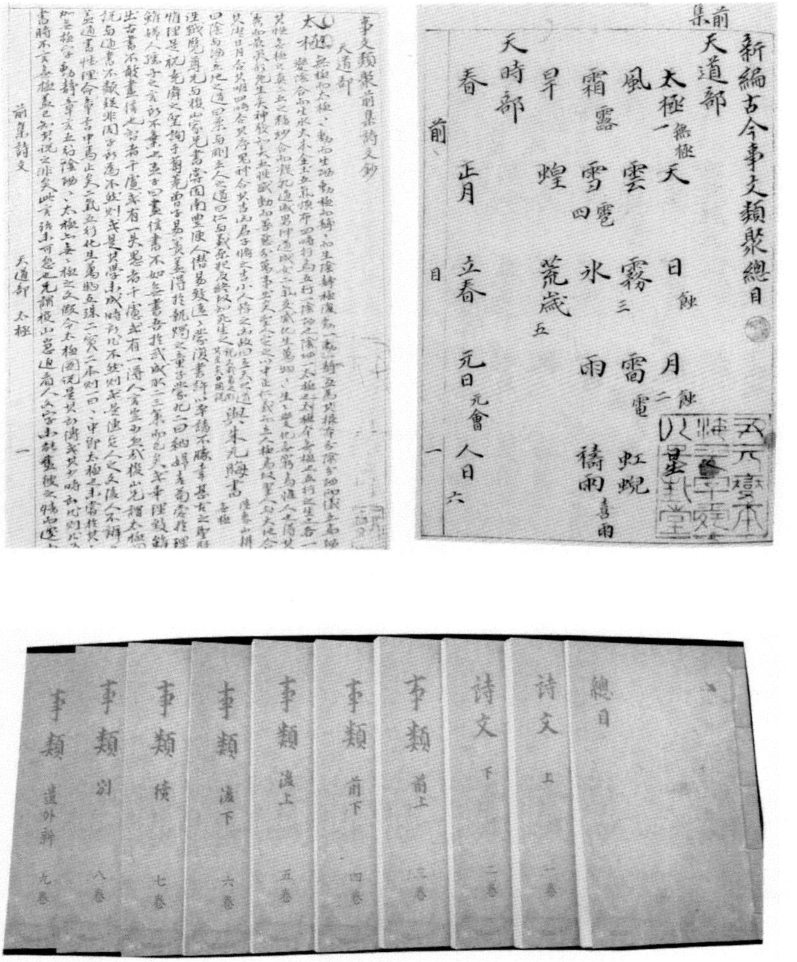

二十五世 卦堂公 筆書本 事文類聚

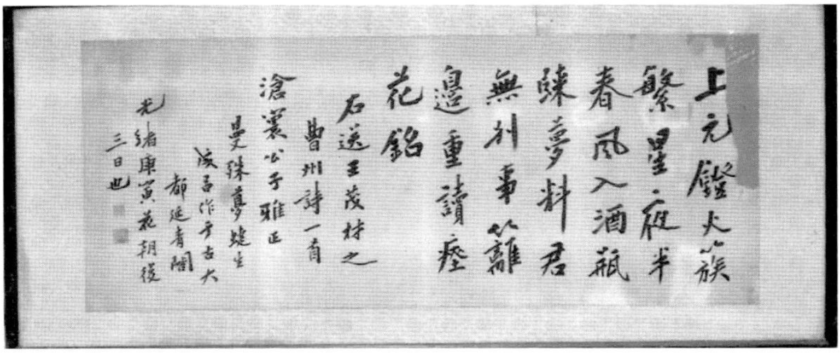

中國吏曹侍郎成昌作詩贈二十五世雅正

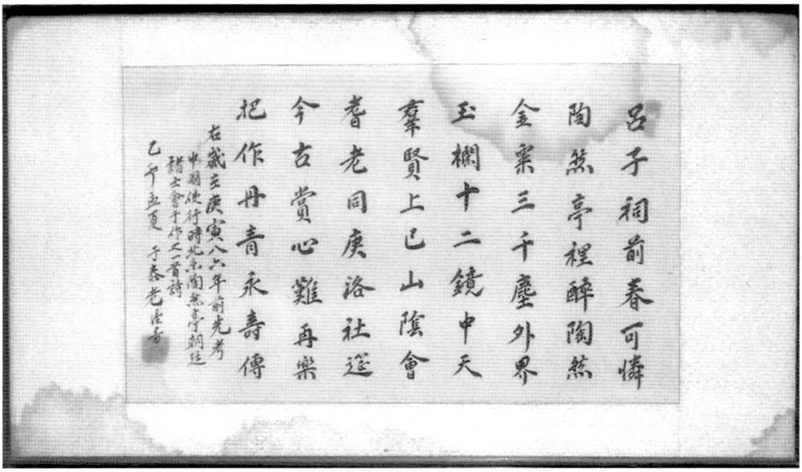
呂子祠前春可憐
陶然亭裡醉陶然
金粟三千塵外界
玉欄十二鏡中天
群賢上巳山陰會
耆老同庚洛社筵
今古賞心難再樂
把作丹青永壽傳

二十五世中國使臣行作詩(二十六世親筆)

二十六世 又堂公과 配位 眞影

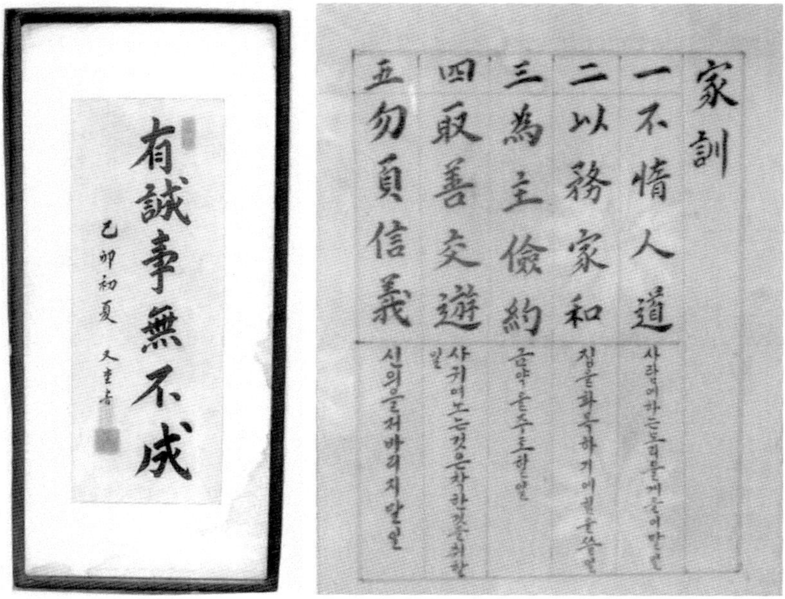

二十六世 遺子孫書親筆

海平尹氏世乘 해제(解題)

서 정 기
(동양문화연구소장)

조선왕조(朝鮮王朝) 용비어천가(龍飛御天歌) 제2장에 노래하기를 뿌리 깊은 나무는 바람에 위태롭지 않으므로 꽃 좋고, 열매가 많으며, 샘이 깊은 물은 가뭄에 마르지 않으므로 내가 되어 바다에 이른다고 노래하였다.

우리나라는 단군(檀君) 이래로 무릇 4천 년의 오랜 역사를 이어왔지만 고구려, 백제, 신라의 3국 시대에 이르러서야 비로소 왕족(王族)에게 성(姓)이 있었고, 고려(高麗)시대에는 귀족(貴族)에게만 성(姓)을 하사(下賜)하였으며, 조선왕조에 이르러 이성혼(異姓昏)을 권장(勸獎)하려고, 모든 사람에게 성씨(姓氏)를 내렸는데 이로부터 성씨를 고귀하게 받들고, 족보(族譜)를 소중하게 여기는 풍속이 일어났다.

그리하여 선비는 자기 집안의 내력뿐만 아니라 남의 집안의 내력까지도 소상하게 알아서 세교(世交)를 밝히고, 통가(通家)를 다졌으니 이로부터 보학(譜學)이 크게 유행하였던 것이다.

늑당선생은 이러한 풍토에서 가승(家乘)과 세승(世乘), 그리고 화수집(花樹集)을 갖추어 정리하였는데 해평윤씨가승(海平尹氏世乘)은 2권으로 동국통감(東國通鑑)과 여지승람(輿地勝覽)에서 발췌하고, 여러 비문(碑文)과 행장(行狀)을 모아 해평윤씨 시조(始祖)로부터 직계와 방계를 차례로 밝혀 그 아들 헌영(憲榮) 내외까지의 실적을 기록하였다.

이 가승(家乘)은 그 손자 윤원섭(尹元燮) 공이 세필로 써서 깨끗하게 보존했기에 금번에 내가 번역하였으며, 또 그 현손(玄孫) 윤덕진(尹德鎭) 사문(斯文)이 세대(世代)를 이어 빠진 분을 보충하여 26세(世)까지 뚜렷이 밝혀서 편집하였다.

해평윤씨세승(海平尹氏世乘) 수권(首卷)은 늑당선생이 1세(世)부터 26세(世)까지의 함자와 생졸월일 및 과거합격과 벼슬 이름을 밝히고, 또 배우자(配偶者)의 생졸월일과 그 부조(父祖)성명을 빠짐없이 직접 기록하여 단권으로 만들었기에 금번에 내가 번역하여 합쳤다.

4세원류(四世源流)는 고조(高祖) 증조(曾祖), 조(祖), 부(父)의 이름과 벼슬을 기록하고, 또 고조모(高祖母), 증조모(曾祖母), 조모(祖母), 모(母)의 소생부(所生父)의 이름과 벼슬을 기록하여 도표로 만들어서 일목요연하게 만들었는데 여기에는 외가(外家)와 처가(妻家)를 모두 확인할 수 있는바 모두 성명과 벼슬 이름이므로 번역할 필요가 없어 번역은 생략하고 원본만 복사하여 영인본에 편집하였으며, 이 책의 끝에 선세묘천표지(先世墓阡標識)를 늑당선생이 세필로 써서 첨부하였기로 금번에 내가 번역하여 합쳤다.

화수집(花樹集)은 본래 늑당선생의 족제(族弟) 윤필구(尹必求) 공이 두루 여러 집안을 찾아다니면서 책상자를 뒤져내어 모은 것인데 늑당선생이 작은 책에 세필로 쓰고 머리말을 부쳤다. 대개 그 내용은 과거문장체(科擧文章體)로 지은 시로써 그 내용이 매우 기백이 있고, 건실한지라 금번에 변역하여 지은이의 행적 다음에 각각 부쳤다. 끝으로 금번 간행한 영인본 해평윤씨윗댁세승은 모두 원본을 영인한 것인데 가승과 세승은 축소영인하였고, 화수집은 확대영인하였음을 밝혀둔다.

目 次

海平尹氏世乘 二…197

家乘

海平尹氏世乘

司空公史攷

高麗高宗四十四年丁巳(宋理宗寶祐五年 蒙古憲宗七年)夏四月原州賊安悅等據古城叛王遣將軍尹君正郎將權萓領兵討之丙子君正與賊三百餘人戰于興原倉(原州)大破之有人斬悅出降君正入城斬其魁松朐敵正唐老等數人脅從者徙置于島

元宗十年己巳(宋度宗咸淳五年)十一月以尹君正爲右僕射十四年癸酉(咸淳九年)正月以尹君正守司空(東國通鑑)

尹君正海平人高宗朝官至守司空尚書左僕射判工部事(輿地勝覽)

密直司事公史攷

忠烈王三年丁丑（宋端宗景炎二年 元世祖至元十四年）十一月遣郎將尹萬庇如元賀正二十九年癸卯（元大德七年）嬖人吳潛務以聲色容悅逆諸道妓有色藝者及京都巫及官婢善歌舞者籍置宮中衣羅綺戴馬尾笠別作一隊稱男粧敎以新聲以諂佞得幸離間王父子陷害忠良人皆畏縮不敢言會元使斷事官帖木兒不花等來元冲甲等以書告不花得書言於王曰冲甲雖言非吾等所斷宜將冲甲與潛赴京對卞於是尹萬庇鄭僐金僖尹諧吳永卯李冉李俁宣宗桂高延洪承緖蔣亦以書告元使曰自大德五年四月聖旨訓戒以來君臣戰懼不敢違越今有姦臣吳

潛素無材識交結中貴以奸佞得幸因竊國柄專恣不法又以巧言離間國王父子毀斥忠良崇進奸邪賣官割民無所不至今奉聖旨舉國歡喜獨潛恐其失權潛謀沮之壅遏帝澤不畏皇威不去此人必生禍亂殃及無辜伏望回奏天聰去此大惡小邦之福也洪子藩等又極言潛惡後潛得罪于元 東國通鑑及忠烈王世家

尹萬庇君正之子忠烈朝官至副知密直事 輿地勝覽

英毅公史玫

忠肅王元年甲寅 元仁宗延祐元年 三月幸内顧堂次板上詩命尹碩及大小文臣和進七月己巳遣護軍尹碩賀上王誕日四年丁

已賊前代言尹碩于金海府[上王自燕邸遣使諭之忠宣時在元也]七年庚申正月辛卯遣摠府典書尹碩如元賀千秋節十一月以尹碩爲密直副使仍遣閤上王起居八年辛酉[元英宗至治元年]正月甲辰以尹碩知密直司事夏四月丁卯王如元四更出自陽善門百官不拜辭柳淸臣吳潛元忠韓渥尹碩柳有琦安珪等從之旣至元收王章十年癸亥五月丙午以尹碩爲評理十三年丙寅[元泰定帝三年]七月敎曰間者亂賊之徒欲覆邦家擅呈都省請立省比內地于時諸臣同心戮力奏帝罷之再造邦家其功莫大帶礪難忘以賞成事金怡評理尹碩等九人爲一等功臣賜土田臧獲及父母妻子爵有差十四年丁卯十二月戊子敎曰寡人五年

在都奸臣謀移國祚侍從之臣盡臣節輔佐終始一心僉議政丞尹碩等二十八人爲一等功臣賛成事鄭方吉等五十三人爲二等功臣賜田及臧獲父母妻子爵有差十五年戊辰四月甲午以尹碩爲海平府院君七月乙亥下政丞尹碩于巡軍獄杖之碩性憙好罵辱嬖人嬖人多怨之嘗與賛成事林仲允有違言碩以馬策抶之嬖人以聞王怒有是命十一月庚寅遣海平府院君尹碩賀正

忠惠王元年辛未(元至順二年)八月以尹碩爲僉議中賛忠肅王後元年壬申正月上王在元復位徵前王(忠惠)入朝二月王遣閔祥正等下政丞尹碩及宰臣孫琦等十二人于巡軍獄蔣伯祥鞫

尹碩以四事王之初朝元也勒止行邸錢粮罪一也前王與小
人亂政爲相不言罪二也與前王謀叛上國罪三也與内豎朴
連等交構王父子罪四也三月伯祥因判事權適知申事尹之
賢大護軍尹之彪金之鏡等于廵軍尋杖流數十人于海島金
之鏡瘐死獄中夏五月元遣客省太史都赤來因蔣伯祥閔祥
正趙炎輝于行省釋尹碩孫琦等執蔣伯祥以歸時伯祥多作
威福黷于賄賂國人怨之百官以書訴伯祥不法于都赤都赤
遂執之以歸
忠惠王後元年元至元六年庚辰二月元釋王因復王位王以韓渥
爲右政丞尹碩左政丞三年壬午夏六月賜海平君尹碩等功

臣踈以有功於曺頔之亂也王教曰賊臣曺頔構亂之後寡人承命赴都之時姦臣餘黨揑合虛辭謀亂國家而侍從之臣終始一節夾輔寡躬其功莫大帶礪難忘以海平府院君尹碩及金海君李齊賢等三十二人爲一等功臣圖形壁上父母封爵一子除七品無子代侄甥女婿除八品給田百結婢十口奴十口 餘現忠簡公墓誌故不錄

忠穆王四年戊子 元至正八年 五月癸丑海平府院君尹碩卒葬以庶人禮 元朝授鎭國上將軍高麗都元帥御史彈之發還元籍流于海平卒

英毅公墓碣陰記

公諱碩字 海平人家世蟬聯連出大官及公仕高麗位至

侍中嘗居海平縣洛東江潰決民蕩析離居公問其然樹木爲林藪得免江決之患縣民德之至今稱爲尹政丞德藪後世子孫繁衍貂蟬相繼而起榮耀前後此所謂德厚者流光也公之平生行蹟炳諸汗靑今不及之後孫資憲大夫知中樞府事兼慶尙道觀察使任說謹識乾隆六年壬申四月立

元仙谷桃花源記云尹相國過玆遊玩肇錫洞名曰桃花源又題詩曰宦海風波一箇身武陵春樹避秦人紅桃麗日粧仙洞却恐漁郞引俗塵

原記畧曰臨之若翁院東數里强有浮雲富貴者俗傳侍郎永謝簪笏占得此洞依石阜結草廬乃玄圃頭丹鳳臺也靑山簇擁小澗流出其中主翁採秀餘閒種千樹桃於山之阿澗之濱每當春回霞影蒸郁適於其時海平尹相國過玆遊

玩筆錫洞名曰桃花源厥後主翁登仙古亭嵓然獨存余恐
嘉名湮沒不傳也具載始末於玉椀藏之亭之壇下岩石畔
以寫來世記認之資云爾續題一律曰丹鳳名亭獨嵓然令
威華表返何年空來來劫應爲主啓得他山玉椀傳至正丁
未八月秋夕後一日丹邱主人元仙谷記

英毅公十四代孫澤謄此全記而書于其下曰或傳原州
炭邱驛居人元天錫麗末進士此或其人也余於庚寅年
间作宰金山歷拜權遂庵先生先生示此文仍傳得此之
由捷川上桃花源今亦有小小桃林散在野處近有吾同
姓一人得一沙椀於此洞云

又有宜寧南鶴鳴所記以爲此洞在於忠州東大路傍今
稱新村洞士人尹鳴韓氏子八月携其友遊此洞有一凸
石鎗然作聲以手揭之有兩石相覆開之則
有白碗其中墨字分明出而讀之仍謄寫之
英毅公以戊子歲考終墓址尋訪修葺亦在戊子則玉碗
記之出於是年其亦異哉

文英公史考

忠肅王後元年壬申 元文宗至順三年 二月知申事尹之賢下理五月

得釋郎英毅公及孫琦下巡軍獄後蔣伯祥因權適及公兄弟時事而但二月三月上下不同八年己卯元至元二年二月王置知印房以三司尹尹之賢起居注李湛都官正郎李君俊典籤金漢龍充其任

忠簡公史攷

忠穆王三年丁亥元至元七年二月丙子以平壤尹尹之彪為西北面存撫使五月以尹之彪為海平君

恭愍王四年乙未三月甲辰遣密直副使尹之彪為海平君以上東國通鑑

忠簡公墓誌銘

牧隱 李 穡 撰

善之海平望族尹公也諱君正歷事高王元王官至金紫光祿

大夫守司空尚書左僕射判工部事諱萬庇事忠烈王爲已巳

一等功臣卒官奉翊大夫副知密直司事上護軍按已巳卽元宗復位之年

忠烈王元年在乙亥則似是追錄已巳功臣諱碩政丞公也朝廷使者至政丞時爲

別將以盖人立于王前使者傳旨兩王子入侍天廷政丞聞之

默自念吾當從弟歸告尊公尊公曰兒計失矣所以從王子者

爲後日計也兄在而弟先有國乎公又告曰吾亦知其然然吾

見少則敬心生見長則否此所以決吾策也公不復語長元子

早亡少忠肅王也公從朝京師僚佐未有居公右者其後歷官

至都僉議左政丞判典理司事封海平府院君階壁上三韓三

重大匡賜忠勤節義同德賛化保定功臣之號亦未有居公右

者君臣遭逢千載一時豈非天乎其後天子聞公名特授鎮國
上將軍高麗都元帥以寵異之海平娶奉翊大夫密直副使上
護軍李公諱百年之女以至大庚戌四月癸亥生公延祐庚申
公年十一而補卷雲寺眞殿直十五而補司設直長十六而授
郎將十九而拜護軍從永陵在朝之明年也時晉邸陟遐文宗
自江南先入宮正位迎明宗于朔方文宗出勞于野丞相燕帖
木兒進毒酒明宗中夜崩六軍亂公與宰相曹益清李君俊等
宦左右永陵永陵恃以無恐賜功臣鐵券至順庚午陞大護軍
公年二十一也至正辛巳進判司僕寺事明陵即位之乙酉五月
拜上護軍冬陞軍簿判書明年四月遷典理判書王政丞當國

用舊法文遜歸之典理武遜歸之軍簿公佐政丞無毫髮私明
年出尹平壤試公臨民也甫一朞而政成以知密直召公年三
十八矣玄陵之五年丙申再知密直司事其冬奉表朝于京師謝
賜衣也十三年三知密直司事　洪武庚戌進密直使明年知
門下省事商議會議都監事又明年進評理冬封重大匡海平
君與廣曲城尹粲原諸宅結社從容者十餘年而壬戌九月感
疾十月初九日端坐而逝公年七十又三矣禀性寬厚不立崖
岸略通蒙古語舉止如北庭人於政事務遵大體而不苛細蓋
長者也公凡再娶平壤郡夫人趙氏大匡僉議贊成事商議寶
文閣大提學謚文克諱延壽之女李氏大匡月城君諱蒨之女

趙氏生男二人長曰寶鷹揚大護軍先沒次曰琢重大匡海平君孫男女若干人鷹揚男曰可觀今爲奉翊大夫密直副使上護軍出爲慶尚道副元帥一女適衛尉注簿李持海平君男曰彰今爲典理佐郎次曰莘今爲德昌府舍人次曰須今爲春秋檢閱長女適判事金九容次適郎將洪潤福次適司設署令成溥李夫人無子曾孫男女次干人某某公之奉表謝恩也余爲書狀官公之長子余同甲也故父事公僥倖入樞府而公復職爲同僚然余之事公如昔而公亦視余猶子吾宜銘公公之季子政堂公令嗣封其知貢擧也又取豚犬種善爲門生銘又可辭諸銘曰海平之君左右高元君子之澤流慶源源惟元帥公

蔚爲侍中忠簡承之有長者風少而魁英老而享榮季子相繼
而典文衡孫拜中樞折衝海隅惟公之門施長攸俱凡厥降祥
惟善是彰我非諛公公永于蔵

吏曹叅判公史攷

本朝 太宗朝諫官韓命德曰命令之出政府承行臣等雖或
有聞事已施行前日請屬諫官于政府以此也 上問故事如
何黄喜曰國初李文和尹思修皆以諫官隸經歷 上曰此非
美法經歷雖重任宰相屬吏君上之動靜政令之得失皆得規
正者諫官也以諫官隸經歷皆非所以尊朝廷重諫官也

少尹公史攷

景泰癸酉十月十日夜以領相皇甫仁左議政金宗瑞右贊成李穰吏曹判書閔伸兵曹判書趙克寬軍器判事尹處恭繕工副正李命敏元矩趙藩等連結咸吉道節制使李澄玉鍾城府使李耕畝平安道觀察使趙遂良忠清道觀察使安完慶乘

上幼冲謀危 宗社卽令武士椎殺仁克寬穰等遣人殺處恭等斬伸于 顯陵碑石所處恭之子涇渭濁[一作濯]混介同孝同六人並被收司同死[第五第六兩人恐是兒名○武定寶鑑云子涇渭濁混介同等五人同死而一子名不傳]

正宗辛亥 命享寧越朝士壇六子並享別壇[始與同死諸公並招魂供祭于公州鷄龍山東鶴寺至此移享]

僉正公墓碣銘

司藝 金末文 撰

尹氏善之海平望姓也諱萱字伯英孝友隸至材器兩大以吏幹入仕累遷至朝奉大夫軍器寺僉正年六十一以病棄世人皆以位不滿能惜之曾大父諱思修嘉靖大夫參知議政府事寶文閣提學大父諱處誠通政大夫行水原都護府使父諱沔通訓大夫承文院參校外王父李公諱孝禮資憲大夫知中樞院事公娶朝奉大夫洪川縣監諱模之女生三男二女長曰殷輔中甲寅科爲弘文館典翰次曰殷弼擢甲子科壯元爲弘文館修撰次曰殷佐亦有才名女長適參奉任明弼次適入後宮諸孫若干皆幼銘曰海平山奇鍾秀生賢忠孝傳家奕世貂蟬

海平水麗其流泱泱尹氏之福與之俱長 弘治十八年九月初四日立

僉正公神道碑銘 禮曹判書 成世昌撰并書

公諱萱字伯英系出海平縣在麗代通經史登顯列者代不絶有諱思修入 本朝官至參知議政府事寔爲曾祖生諱處誠爲通政大夫水原都護府使 贈兵曹判書生諱湕擢第選補集賢殿著作終承文院參校 贈議政府左贊成贊成公娶知中樞府事李孝禮之女成化甲子生公孝友出天力學明經累擧不中朝廷惜其材薦授翊衛司司禦遷都摠府都事又陞朝奉司贍寺僉正當官詳諦出納貨幣無纖毫差謬轉軍器寺僉正德甲戌遘微恙卒于正寢享年六十一 贈議政府領議

故配金氏縣令諱模之女賢有德行待九族以誠教子弟有方
先公卒於弘治戊申年乃窆于楊州癸土山癸坐丁向之原及
公之卒值燕山改燬楊廣爲遊獵之場並不得同原遂卜地于
水原府畀具禮葬焉公平生端重淡素不妄言笑望之肅然卽
之溫然祭先以誠接人以恭爲善如嗜聲色非義如避寇賊早
喪賢配幼孤滿室窮約晏如無慽慽之容其後兩子榮貴家道
漸肥日慎兢畏不以爲幸其天性然也公多隱德卓行又有文
才吏幹而終不能大顯人皆痛惜及今篤生偉人爲國柱石天
之報施可謂不恌生三男二女長曰殷輔今爲議政府領議政
其追 贈三世視公秩也次曰殷弼吏曹叅判次曰殷佐司贍

寺直長女長適叅奉任明弼次適入燕山後宮爲淑儀議政功
娶軍職李淳禎之女生一女歸彤昌權纘纘生一女歸 王子
德陽君後娶郡守宋琚之女無嗣叅判娶僉正蔡子涓之女生
三男一女長曰弘彥造紙署別坐次曰貞彥爲進士次曰亨彥
四山監役女歸侍講院說書趙光玉直長娶司紙金仲文之女
生五女皆嫁爲士人妻叅奉生三男二女長曰尹承文院博士
次曰說三捷嵬科今爲軍器寺僉正次曰呂力學能文二女皆
爲士人妻歲在癸卯五月我議政公年尊位極追慕之誠益切
深惓先德湮沒不傳囑世昌追籍其宗迹用鐫于石以圖不朽
世昌自以才拙辭不獲謹以家乘歷敘世系子孫之冨爲文以

誌之因銘曰惟彼海平同嶽降神世有哲人福祿維新經羅涉
羅或誨或明入于　聖朝再振簪纓祖考兩世歿鬱沉眞有幹
罔施德以讌鴫蕃慶擁休積久而盈配淑媛賢爲國幹楨有積
而發如種必生追錫祖先孝由忠行寔冗蠲頭卯兆是榮於萬
斯年永壽厥聲嘉靖二十二年八月　立

贈貞敬夫人金氏墓表陰記　　外孫 任 說 撰

金氏延安望族也曾祖諱自知正憲大夫開城府留後司留後
祖諱俸奉直郎平市署令考諱模朝奉大夫洪川縣監適軍器
寺僉正尹公諱萱生三男二女長曰殷輔登甲寅文科今爲議
政府領議政次曰殷弼魁甲子文科官至吏曹參判次曰殷佐

內贍寺直長一女適參奉任明弼二女選入燕山後宮為淑儀
議政先娶軍職李元禎之女生一女適承旨權纘生一女歸
王子德陽君後娶郡守宋琚之女無嗣參判娶僉正蔡子涓之
女生三男一女長曰弘彥造紙署別坐次曰貞彥為進士次曰
亨彥四山監役女歸侍講院說書趙光玉直長娶司紙金仲文
之女生五女長適直長元鵬次適參奉洪侃次適四山監役金
弘遇餘幼參奉生三男二女男長曰尹登己亥文科刑曹佐郎
次曰說軍資寺正次曰呂少力學為秀士女適學生金漢公次
適縣令郭藩準子職　贈議政府領議政妣封貞敬夫人僉正
後夫人卒是弘治甲子也時燕山政熾楊廣為遊獵之場旅不

得窆同一原遂卜地于水原府男亮城下東市峯里具禮葬焉
夫人溫惠淑愼天植其性教子弟方嚴待宗族恩信蘋蘩之薦
必敬必時締綌之功以勤以儉閨儀女則爲世所仰不幸早世
不逮享諸子顯榮幽明之痛曷有紀極積德餘慶有子有女而
身不食報歸成於後祚衍雲仍子子孫孫繼繼承承不替引祉
永世休享天之報施可謂不恌說忝列外孫謹敘世係子孫之
畧用鐫于石以圖不朽 嘉靖二十二年八月日立

靖成公史攷

中宗己亥冬十月 上引見領議政尹殷輔等問曰權奸竊美
大柄國其殆哉今欲大臣是非卿等其各無隱諸臣悉陳金安

老罪惡又論其黨許沆許洽蔡無擇之罪並賜死釋鄭光弼等
亂 國朝通鑑

領議政尹殷輔承 命纂輯大典後續錄 上同

尚相國震拜東伯將行請教于尹相國殷輔公為陳方伯政要
尚公遵行不違事無積滯常曰吾累膺當途常遵尹相之教有
為方伯請教者必舉公所教以送之 野史

靖成公墓表陰記

正德庚辰正月公前夫人李氏卒得楊州之南松山里壬坐丙
向之原水落山之枝回龍顧祖之形距京都四十里以其年二
月葬于原之東偏嘉靖辛丑十二月公後夫人宋氏卒翌年二

月葬于原之西偏虛其中以爲公他日藏冠佩之所也至是來葬蓋三塋相次並列爲北十步許即公祖考叅校　贈貫成諱沔之墳也南十步許雙墳乃公弟叅判諱殷弼及夫人蔡氏兆也西北百步許踰一壠是公皇妣墓也公先大人墓在水原府東市峯里之原公每擬移塋于此而合兆竟未克焉宿德重望爲世著龜其偉行茂績及世系官職俱在豊碑螭首而龜趺樹于墓道西南六十步之地有欲知公者當於是乎求之 嘉靖二十五年二月日立

靖成公神道碑銘　　領議政　洪彦弼撰

公諱殷輔字商卿海平人公遠代祖諱君正在高麗元宗朝平

賊有功登壇爲將軍海平之尹之顯世始此將軍之胤諱萬庇
爲政堂文學後諱碩爲右政丞政丞生諱之賢亦爲政堂積德
毓慶三世連爲大官入 本朝有諱思修知政府事寶文閣提
學是於公爲高祖公之曾大父諱曰處誠水原府使大父諱曰
沔承文院參校考諱曰萱軍器寺僉正是 贈議政府領議政
大夫人金氏縣監模之女成化戊子生公自在幼孩嶷然異質
超羣穎秀公年十五大夫人下世悲號哀慕喪祀葬具一合禮
制弱冠入太學承師結友窮探性理之源以爲之本餘事文藻
摛爲篇章若加品題必占多士之首時虛白堂洪公開倉糊名
曰也某製也擊節歎賞者久之身居下齋而名聲動於上齋粉

布之列莫敢扳以爲齊甲寅秋　成廟命四方士咸貢京師知擧典衡者皆一時宗匠臨軒拔擢號稱得士公與選焉我國舊例新恩入槐院者爲榮職成均館爲老儒盍簪地拔去路狹積薪譏多故人必求槐院猶恐後公獨慨然非之曰士初登朝爭華獻薄媚進闒捷寧有是理竟由學諭以進識者咸器重之燕山主短喪公爲諫院正言視僚寀擧畏㥘莫敢發口公奮筆書疏力陳古制扶植彝倫擬被重罰竟見左移朝廷雖爲公危之又以爲公貴察久滯謫爲司憲府持平轉吏兵兩曹正郞又授弘文館應教典翰司憲府執義甲子丁內艱丙寅喪畢時　中宗初即位剏新汙染復修人紀公再爲憲府亞官糾繩羣枉振

擧額綱疏滌洗雪待見澄清上深嘉之馬島醜倭覷隙梗邊上
欲遣使問其所以公以禮賓寺正膺選時議以爲彼倭輕生喜
殺狙詐萬端不可以義理曉危慮有甚於虎口公則怡然如往
樂土在道聞島主死竟不往夫遠大之器不銳進不驟登天所
以啓公在堂下緋列延遷塌然不進盖有年矣國家於諸道散
差之命見謂公諳悉鍊達偏受編行周知小民疾癘風謡習俗
暨關鎮兵卒山川迂曲倉廩虛實如見房闥內物一無所逃思
所以更之擧歸公之料理人雖曰遲異日爲輔相良具實在於
此侍從之列直提學爲重居是職者不久有特除公爲是官將
二歲餘人亦云遲歲乙亥始爲同副承旨轉右轉左知奏數年

之間絲綸補允歲丁丑特授嘉善階爲黃海監司明年入爲銓
曹亞官無幾又除畿甸監司條擧荒政民得以不飢癸未上謂
公久在亞貳擢授禮曹判書甲申移吏曹間出爲平安監司越
二年又拜兵曹判書三曹之長皆我國重任西鄙亦重寄公皆
踐之所之盡心職理事擧公自戴玉以來爲諫官者一爲憲長
者再判户部者亦再典宗伯者三公之材備而上之用公者周
矣辛卯歲超授右贊成至左贊成乙未爲右相丁酉爲領相統
率百官經紀國政者幾十年甲辰十月公病卒于正寢享年七
十七明年正月葬于楊州松山里壬坐丙向之原嗚呼公之稟
性自然儀容端雅絶無人僞不事矯飾惟德是崇惟靜是好敦

詩書以立基本盡誠敬以事君親與弟友與士信公之德全矣
雖得乎天者卓然人莫能及而學問之功臻此閫域者亦豈一
日之積哉人或甚我我報以德彼以暴慢我以仁恩公有之若
不有人言之公不以為功此人所難也文翼公鄭光弼翼莊公
高荊山論為第一指公為國器人皆以為知言公有兩妹早寡
怙恃俱喪日往溫存至視庋閣飮食以為常如有公故不得往
視則公必缺然如無所容羣姑子女當嫁娶貧不能為具者必
傾有以資之有急立應有須必讐以是捧白則裕而家無宿儲
退食之餘獨處一室旁無給侍沉吟不語舉手書空若將遠思
者久皆國家重事勤勞盡瘁晨夜匪懈雖祈寒暑雨未嘗移病

在告時觀古史以體認爲務不喜浮華文字然留意下筆處的
確簡覈加減一字不得尤精於吏札公之署判文簿如到中書
諸列傳觀謄寫以爲法嗚呼內自閨閫外至朝廷暨遠微公之
至行善政播在人口者非一蔡參議世英李判決希輔攟拾悉
書爲行狀故於玆畧爲公病革　上遣醫賜藥日再聞訃　上
傷悼甚乃曰失予良佐哀痛何極進素膳累日　仁宗在東宮
爲師幾十年亦悲痛不已兩宮賜賻優於常例公前娶李氏軍
職元禎之女生一女歸大司憲權纘大司憲生一女配　王子德
陽君德陽生子曰宗麟豐山正後娶郡守梁琚之女皆先公卒
兩室俱無子以弟參判熊弼之子貞彥爲後貞彥中庚子司馬

試遷補金吾都事娶軍職柳琬之女生女幼彥弼本爲門生有
知己之分故敢書公之歷官行蹟以爲之銘銘曰天與之厚兮
惟人受性理爲燦兮貴莫與併天賦雖均兮我受或偏柔惠統
指兮慈慮斷紘公之受兮粹然全備中和內蘊兮敬義交植省
視庭闈兮婉婉其容恤保恩深兮泯然無蹤伏蒲竭懷兮剴諫
盡恭豈事批鱗兮庶鑒危蹤由是爲道兮自一般春周歷諸臺
兮綜理調均終期大始兮黃閣經綸慰遍黎庶兮聖化日新方
瞻喬嶽兮屹彼蒼旻何意頹隳兮遽輟奏春玉宸銜悲兮多士
泣涕登高梯兮涉海無舟中郎典刑兮何地更求鐫數尺珉兮
垂耀千秋

進士申孝仲書
司僕正朴公亮篆

靖成公行狀二本缺

東岡公史攷

政院日記 中宗己卯禍作之翌日承旨尹殷弼 啓曰今玆之事不覺傷痛臣昨夜四更聞之驚愕馳至西門外欲入 啓徹誠而 命牌外不許入故退去也時有持平欲入者軍士捽出盡裂衣襟臣見之不覺流涕豈料有如此事乎弘文館臺諫盡 命逮之故皆着笠而環坐門外也趙光祖等臣謂之中道則未也使之成就則豈易得哉一朝待之如叛逆宣傳官守闕門六卿亦不得入不知有何事夫人臣密 啓非奸則佞古書不云不由中書耶 國家元氣必由此斷喪矣卽 命罷職

又見知退堂李公廷
馨所著黃兎故事

英宗丁卯 月 覽是奏於政院日記 特贈領議政

東岡公墓表陰記 後孫 進士 鎰撰

高麗元宗朝有諱君正守司空尚書左僕射爲海平尹氏望族先也累公累卿至諱思修始仕我 朝知政府事蟬聯簪紱閥四世而公生早通經史高視詞壇風流映發魁弘治甲子文科正德年中與諸賢遊及己卯士禍作抗章銀臺事載黨籍諸賢唱酬各邑題咏詩篇行于世歷大司諫忠清江原京圻監司陞亞卿以承勳貴 贈貳相夫人蔡氏敦寧僉正子消之女有一女四男女適趙光玉文正男弘彦殿中曰明彦曰貞彦主簿繼

伯氏領相靖成公諱殷輔後曰享彥縣監殿中有四男曰承慶文正曰承吉判書曰承緒縣監曰承勳領相縣監有一子曰承祥監役於虖公之幽宅在楊州治之南外松山穴直壬其後三塋乃靖成公及兩夫人墓也又其上卽公王考掌令諱沔之墓也其前卽公之次胤主簿縣監墓以次附焉

監察公墓誌銘

領議政　李山海撰

殿中尹公諱弘彥字士美嶺南海平縣人遠祖諱君正事高麗高宗元宗官至尚書左僕射諱萬庇副知密直司事諱碩都僉議右政丞海平府院君諱之賢政堂文學有諱思修仕我　朝爲知政府事寶文閣提學諱處誠水原府使於公高祖曾大父

承文院叅校諱泀大父軍器寺僉正諱萓以子殷輔相推 恩
贈領議政考吏曹叅判諱殷弼妣貞夫人平康蔡氏 贈吏曹
判書子省之女弘治癸亥十月初三日生公少承庭訓知讀書
業文一捷場屋更不利然不以得失介意丁亥丁内憂乙未叅
判公捐館哀慕盡禮服闋以蔭授禮賓別坐歷直長主簿遷殿
中已而不仕萬曆甲申二月初七日卒于駱村之正寢壽八十
二其年四月葬楊州治甲坐庚向之原與夫人李氏同堂異室
從先兆也 贈吏曹判書兼知義禁府事用季子秩也嗚呼公
重厚寬容於物無所好獨喜觀古詩未嘗一日去時時吟咏揮
灑以寄興接人不事表襮家屢空怡怡如也平生以執軟媚耳

目永追取㴱耻足不及權貴門夫人 宗室長臨守舜民之女
先公八年沒男長承慶宗簿寺正兼春秋館編修官乙卯文科
亦先公卒次承吉中甲子科今漢城府右尹次承緖兎山縣監
季承勳中癸酉科今吏曹判書四男皆有學雖伯公不大顯縣
監末第而仲季二公俱爲名卿蔚然嗚呼世時君子於是知公
之教行于家也女長適柳容郡守次適閔叔獻縣監次適韓廷
立引儀次適黃世態判官次適李復善次卞希讜次李希春次
德男正要參奉元希尹女生二女軍器寺正崔鍾忠清都事宋
英耆郎其壻也右尹娶牧使朴諫女生四男二女男長璶義禁
府都事次瑁次瓛次璹女長學生李忭縣監娶學生崔世蘭女

生男女男瑺女李海判書娶忠勳都事成好問女生二男二女男曰玶曰瑀女長儒士李敬輿山海少寓婦翁門其忝同閈久雖未一覩其儀範而聞公之有隱德蓋詳也京兆公來而請銘辭不獲已則畧敍其世派顚末而係以銘〻曰嗚呼殿中侍郎之嗣旣醇且厚罔隳厥美教成于庭頎〻四子仲季翔騫紫誥恩賁凡代大家維難其保曰顯曰昌鮮無終咎維公之門克修以有惟其源遠是以流長無愆于德厥理孔彰我銘于石永示茲〻

監察公神道碑銘

簡易 崔 岦撰

名家大姓如水有源〻遠而流必長他或坎而爲潤蓄而發之

玆益大若 贈議政府領議政其惟渕乎尹出善山府之海平縣在麗朝有曰君正守司空尚書左僕射曰萬庇副知密直司事曰碩都僉議右政丞謚英毅公皆有蓋世之勳曰之賢政堂文學入本 朝曰思修知政府事寶文閣提學可謂盛矣公高祖考諱處誠水原都護府使曾祖考諱沔承文院參校祖考諱萱軍器寺僉正以子領相殷輔故 贈視貴上及二代有差考諱殷弼吏曹參判妣平康蔡氏 贈吏曹判書子湑之女以弘治癸亥生公公諱弘彦字士美卽於參判公爲長子而領議公之猶子早聞詩禮例就儒科嘗入解額而不究於成隱然有不與寒士爭進之風年三十前後游遣內外艱戚易如禮三年不

去廬既而以蔭例補別坐遷直長主簿至司憲監察又不肯隨
俗吏乾沒其於伺候進取若將浼焉一去官亦已矣公為人質
厚於物無好也獨喜古人所為詩日取而吟諷之時或賦咏以
自陶至暮年不廢家故清貧殆屢空而不以一毫敗意有子則
隨其姿質訓式有方故男皆成立多 王重臣女歸宜家各著
行範公竟年踰八耋而笙笏交於眼前鳳毛蘭芽其生不匱蓋
公卒之年為萬曆甲申其四月葬于楊州舊治先塋之側公配
贈貞敬夫人李氏 宗室長臨守舜民之女先公八年卒而葬
至是同堂異室又後至于今日以李子貴公及夫人偕應 恩
典而崇碑題刻責于墓道向之潛德不曜其報果何如也長男

承慶乙卯文科宗簿寺正兼春秋館編修官先公卒娶孫奉元
希尹女次男承吉甲子文科刑曹判書娶牧使朴諫女次男承
緖交河縣監娶學生崔世蘭女次男承勳癸酉文科議政府領
議政娶廣興倉守成好問女々長適韓山郡守柳容次適安峽
縣監閔叔獻次適通禮院引儀韓匡立次適永興府判官黃世
態次適忠義衛李希春次適學生金德男內外孫五十人其得
姓而以名可記者寺正出曰軍器寺正崔鏞妻議政府舍人宋
英耉妻判書出曰通津縣監璹新溪縣令瑂次璣次璾及平山
監役李忭妻　王子仁城君夫人交河出曰瑋及幼學李海妻
議政出曰進士珙次宣傳官璛及進士李敬輿妻餘幼及外孫

不列判書議政官位既尊思顯先跡而求文不於館閣乃以命
豈於嶺海之僻而足以見其家之譕先也銘曰水以止滙孰謂
其潤于源無羨積為不竭孰非其潤而流益達維尹大姓公涵
前光公沛後慶我銘斯石潛德足徵弗顯伊碩

贈貞敬夫人李氏墓誌銘 族侄文衡 根壽撰

淑人姓李氏係出 宗室有諱補寶 恭定大王第二子封孝
寧大君是生寶城君容寶城生圜山君行圜山生諱舜民例授
長臨守即淑人考也妣朴氏雲峯望族尚衣院別坐諱承元之
女淑人於長臨卒後乃生鞠于外家聰惠溫淑不勤姆訓動循
女則別坐公奇之教以梁千字文孝經等書畧通大義年及十

五歸于尹氏爲司憲府監察弘彥之配尹是海平大姓遠祖諱
君正在高麗元宗朝官至司空尚書左僕射以後世濟其美吏
曹叅判殷弼即其舅也初叅判公與其夫人蔡氏惟承祀繼序
之不易爲子擇所宜配聞淑人賢而聘之自入門恪修婦道力
宗家務動有儀範孝敬兼至内外交悅尤爲舅姑所重其家居
主中饋以謹遇婢使以恩自女紅之事以暨垣墻室廬無一不
治子女嫁娶各以其時慎擇門户必視其可焉歲丁卯感風眩
自是沈綿床褥醫餌十歲竟至不救生以丁卯其卒在於萬曆
丙子三月乙巳得年七十以其年五月己未葬于楊州舊治先
公長臨兆次甲坐庚向之原子男四人女八人長承慶乙卯文

科宗簿寺正次承吉甲子文科司憲府掌令次承緒亦以儒爲
名其季承勲癸酉文科權知承文院副正字女長適通禮院引
儀柳容次適安峽縣監閔叔獻次適通禮院兼引儀韓匡立次
適都摠府都事黃世隱次適忠義衛李復善次適幼學卞希謐
次適忠義衛李熙春次適幼學金德男承慶娶參奉元希尹之
女生二女長適權知成均館學諭崔鈇次適幼學宋英耉承吉
娶牧使朴諫之女生三男一女皆幼承緒娶幼學崔世蘭之女
生一男一女皆幼承勲娶縣監成好問之女生一男幼內外孫
三十三人參判公負時望位不滿德固宜有後逮寺正晜季並
取高第躋顯仕爲邦家令人榮名方進而未已謂非本於父母

之教不可也根壽以同姓之厚獲拜監察公於床下又與寺正
昆季遊其誌文之托不敢以不文辭乃序而銘之銘曰天潢之
分自太支仙李赫奕根而枝金章盭綬先陸離累世既恩俱峻
資乃生賢淑婉其儀陰教有翼明壼肅敬承夫子禮無違在古
可比光齊眉鷄鳴而興執絲枲內政纖微鼎自洽式穀諸子教
詩書敭歷王庭名四馳煥其盈門蘭與芝碩大蕃昌天厚施謂
宜偕老享耄期奄忽溘溘聞者悲先壠蒼然體魄隨卜云其吉
寧舍茲我作銘詩非諛辭有來無窮昭厥垂

肅簡公行狀

澤堂 李植 撰

公諱承吉字子一號南岳尹氏系出嶺南之海平縣始祖曰君

正任高麗致仕司空歷知密直司事萬戶僉議政丞碩政堂文
學之賢進賢館提學邦晏寶文閣提學愚修水原府使　贈兵
曹判書處誠凡六世至司憲府掌令　贈左贊成諱沔寔爲公
高王父曾大父諱萱軍器寺僉正　贈領議政大父諱殷弼吏
曹參判　贈左贊成己卯之變有爭臣之言名重而位不崇考
諱弘彥司憲府監察累　贈領議政二代之　贈用李氏領議
政承勳推　恩也妣　贈貞敬夫人李氏宗室長臨守諱濟民
之女也以嘉靖庚子十月丙子生公于漢陽東村里第聰明夙
慧幼不好嬉父母嘗失家藏髮家僮詰問公就指一僮曰觀其
色必爾偷乎僮果服父母大奇之五六歲自知就傅讀書寒暑

刻厲至忘寢食甫冠而學業大就辛酉陞上舍祭酒許公曄與
講說庸學瞿然驚歎知其非俗儒之學矣甲子通經登第選承
文院副正字　明廟上賓方迎　宣廟卽恤百官或奔詣　私
邸院吏亦請行同列欲從之公曰必吾等行者須政府符到乃
可旣而兩司劾詰　邸者同列愧焉薦授藝文館檢閱兼春秋
館記事官遷承政院注書　宣廟初政日開賓筵左右史難其
任公耳聞手錄記載詳嚴侍臣皆稱其才李文純公之乞退也
上引見咨訪文純公對揚移晷翌日因門人求見其草復書稱
善語在集中陞成均館典籍遷司憲府監察工曹佐郎庚午薦
入兵曹爲佐郎例兼春秋館記事官始以史能著先是衛士科

祿出自胥吏高下失次積成痼獘公首黜用事姦吏手檢仕簿
絲毫不私文書行衛士相慶於道判書吳公祥歎曰非某剛明
安能辦此事叅修 明宗朝實錄辛未夏出爲黃海都事左授
也公自翰苑陞兵郎人皆謂當入臺閣而公不附時勢爲銓路
所不悅公之遊阻華顯始基於此矣換京畿都事入爲承政院
校理禮曹佐郎陞戶曹正郎例兼春秋奉 命檢京畿災傷癸
酉因事罷俄復兵曹正郎陞成均館司藝兼宗學導善始入憲
臺拜持平旋遞爲典籍刑曹正郎還爲持平直講爲養求外除
開城經歷甲戌因公事罷歸敍復直講復拜持平俄出判官三
道海運是時漕運不時別遣從臣彈壓列邑故有是除入爲掌

令還軍器僉正　仁順王后之表爲　山陵都監郎先是都監
郎素以清望遴而事役煩碎例以儒緩不省務一任胥僕姦偷
公職掌鑪冶郎不厭句校銖兩無所失役竟還剩鐵三千斤于
度支判書尹公鉉歎曰　山陵之役無加索而有剩餘吾纔見
此郎耳復爲掌令旋遞旋擬者三爲司藝者再丙子復爲掌令
是年丁外艱服除復除宗簿僉正例無春秋爲養復求外除南陽
府使南陽近京多豪勢庄户公涖之一繩以三尺姦宄大戢有
飛謀造謗欲撼而去之者以公廉謹終莫能中傷壬午坐失牧
場馬例罷即敍爲司藝轉司諫院獻納時接日本使臣用女樂
公力論其不可乃已遞爲司藝是年有　詔使爲迎接都監郎

郎亦高選其例不肖務此 山陵尤焉而公司酒局察職加悉
同僚以寒甚索飲一盃公曰尚未公讌此不可先餉人遠接使
李文成公聞而嘉之而鄙其索飲者遷宗簿正復爲掌令例兼
春秋癸未進移司藝復爲掌令遷司導僉正陞司贍寺正司贍
貨局也公搜逋括漏一斷以法又爲司宰監正司宰膳部也其
辦治視司贍加密公之爲兩寺正皆用臺官進 因例授人視
爲逆旅而公惟位之思旬月著能聲其任職不苟類如此遷掌
令宗簿僉正陞司饔正先是慶源賤屬玉非逃歸嶺南本貫子
孫繁衍累世乃覺朝廷議請刷還以公爲推刷 敬差官公悉
横羅踈遠多所剖釋俄聞伯氏喪遽老親悼傷上章徑歸臺官

劾其違法罷之代公者承望 朝旨一切用武鉤摘盡黜之一
道大擾行者哭曰前 敬差官若在必不如此甲申丁內艱服
除復尚衣院正遷司諫院司諫遷移司僕監正奉 命按獄海
西丁亥轉司憲府執義從尚衣院正奉 命檢湖西災傷出為
龜城府使時龜城累經匪人洊被災荒 上命極擇其代銓中
又有不悅公者以公應 命諫院三 啓請留 不許親舊咸
來唁公怡然就任開倉賑乏蠲賦已責斂去姦蠹綏集流逋每
有大小徭役量近遠較饒乏均劑如一舊俗相朋為盜官不能
禁公即剷除首惡而宥其黨境內帖然地接邊塞民鮮知禮婚
娶多瀆亂公為設條禁民頗從革有高族好植私凌上郎官欲

抵罪率用苞苴獲免公痛禁交關申嚴約束有犯無貸汚俗爲
之一變前時官糴之糴也姦民敢雜以沙土穀積無用窮民受
其糴益奢公躬檢石斗使皆均淨自是倉庾實矣乃繕館宇飭
器用獎祛利興百爲大闢又重修 聖廟釐正學法青衿興起
有內地學校之風居三年四境晏謐政聲聞一道辛卯參都堂
銃壬辰變作 車駕西狩公出次痛哭俄聞平壤陷公乃屬吏
民耆老而告之曰 國家之事一至於此吾爲人臣雖無職事
尚可一死況守此土乎惟是欲守則無城欲戰則無兵惟當措
屍疆內以償從前許國之志爾等宜早自從便毋爲共蹈鋒刃
也衆皆泣下曰公視民如子民亦視公如父父在子焉往公知

民志未携悉籍境內丁壯爲兵諭以大義士氣稍振移檄江閫
名募土兵驍騎頗集時都元帥金公命元偏師左次 行朝方
議渡遼公即以所集兵粮歸之元帥元帥賴以成軍嘗杖博川
守某曰龜守文人尚用征繕濟我汝以武弁挈家先之將汝焉
用時列邑奔潰民多劫掠官帑或潛入公邑欲爲變吏請備之
公曰無事備也單馬數僕出入自如賊終不敢動則煽爲訛言
曰賊渡嘉平江直指 行在矣或勸公散倉穀毋爲賊得公曰
我國必不至遷亾 天兵朝暮渡鴨水吾用此穀以備軍需即
一散不可復合此徒亂民興訛耳已而果然是冬 天兵渡江
公先用私馬載餉民爭趍之自冬及春飛輓織路而民不告憚

國家功業實基於此元帥上公前後勞績 命加通政以奬之
癸巳春爲宋經畧接待都差員途兵素悍旣爲我來暴我人甚
差員宋應一行誅索四集公雜持調娛不失交際船冒艱棘不
懾不亢遼人敬服不敢凌犯接伴使尹公根壽每遇大事必邀
公商定秩滿方伯 啓請仍任冬薦拜忠清監司臺諫論公遠
在西邊而湖西事殷不宜久曠請遞之時議政公爲承旨 上
卽代公監司而用公代承旨 睿簡特殊矣甲午春以刑房承
旨參鞫宋儒眞逆獄儒眞旣竄旋就擒徒黨株連甚公進曰瘡
痍之餘有此內變若窮其逮訊恐人心不安於是止誅首惡十
六人 三月拜江原監司臨行 上引見面勑爲之流涕曰國事

至此咎實由予平安監司李元翼外無一人為國盡瘁者予實
痛矣當今急務莫如生聚教訓期刷至恥須體予意無負委寄
之重公受 命感激既就官惟晨夕焦竭時關東酷經兵荒飢
莩相枕籍公多方賑救民稍回甦間抽丁壯束隊演武又請于
朝別置教師以新須戚氏書從事巡歷課試明示紀律守令黜
陟視此為準上下競勸不期年手足行伍之法皆精習可用唐
將見而稱之至見 上言貴國軍容關東最也 上悅每向首
相柳成龍曰近來江原兵政何如公又益兵器財粮糗以備不
虞一路恃而少安用前鞫獄功加階嘉善秩滿備局 啓請仍
任是歲李公元翼自平安監司入相廟議請以李公德馨代之

上曰江原監司治績最著以此人移授何如大臣對曰臣等請
仍任者特以其代爲難耳若易之則關東之事中廢可惜也
上曰地有輕重予意決矣遂拜公代李公　特命改授　敎書
褒詡加厚以重之時關西旣經供給　行在遏賊復疆常爲
天兵往來孔道賦役調度公私刼刼李公旣以重臣留按仁惠
撫摩軍民安帖及其去民如失父母至爲生祠以寓慕及公之
爲代約已便事率視李公而興滯振弊加恢前規應待華人曲
暢歡意而弊不御於民々情又洽然稱頌柳相每見人自關西
必還問公所爲以達于　上天顏喜動人以爲公之治關東人
或可及代李公而著績爲尤難云是時奴胡始大有啓釁狀廟

議請遣武人申忠一偕 天將余希元覘其動靜而 下書于
公使口授便宜以行余將與公言退謂譯官曰爾國亦有人也
丙申公積勞成疾經歲而不敢告休至是疾益甚再上章乞罷
備局覆 啓准請已薦其代 上以所薦無可當 特命公仍
任調病然公久不莅事及秋因臺諫 啓論得遞寓居江東村
舍丁酉冬復同樞病未拜 命己亥春始還 朝時闕北有老
土之虞擇授公咸鏡道觀察使公以疾未瘳三疏得遞復拜同
樞遷漢城府右尹兼同知義禁府事爲楊經畧接伴副使兼三
道芻粮摠管使轉工曹參判庚子春兼都摠府副摠管遷兵曹
參判時洪汝諄爲判書兩銓長皆貪鄙苞苴肆行竹山姓朱人

以奴婢十口因人請賕求堡將公却之曰我則不爲此也由是
恥與洪同席每當政日因疾不進未幾洪與李爾瞻分朋爭權
上厭其不靜而兩黜之　命用剛方寡黨之人以鎭臺閣五月
擢公大司諫俄遷大司憲士林屬望旋遷爲同知中樞兼同知
義禁備邊司提調辛丑兼副摠管遷大司憲時宦家多犯法都
郎受害公發論請罷又於　經席極言之左議政金公命元進
曰近來臺閣以言爲諱尹某之　啓眞朝陽鳴鳳也未幾因事
遞移西班士論嗟惋秋拜刑曹參判論因斷獄必裁于法長官
大服大小之獄必先委公詳讞廣州邊姓人被誣以殺人久因
未決公以特進官入侍歷陳冤狀左右皆是公言　特命放釋

邊姓人走公門叩謝公辭不見誣之者呼唱道路言公私於邊
氏朝廷雅信公廉正讒言不得行癸卯進階資憲拜刑曹判書
俄遞移兩班拜同樞兼同知春秋典醫監提調因天變應 旨
上封事指陳剴切乙巳用龜城策應功 賜原從券後兼摠管
知義禁拜左參贊己酉參者老所遞移知樞兼知春秋參修
宣廟實錄辛亥復拜參贊知義禁乙卯爲司贍寺提調丙辰十
一月二十一日卒壽七十七公姿容丰秀儀度端雅少透經學
專務操特雖倉卒紛擾未嘗爲疾言遽色雖燕居閒處未嘗爲
惰容戲言惟貞礭自守謳蔽不聆平生不接麴蘗不近娼妓尤
不喜聲樂於世間華靡玩好一切視之若浼自在幼稚惟父母

是順父母稱爲孝兒既長承顏養志左右無違大夫人有不悅於家婦嘗提抱公謂曰汝長而娶妻毋令汝嫂事我如也公自幼服膺眷眷恒以戒勵夫人夫人一循公意誠孝備至父母在時不蓄私財鵩直祿俸皆歸之親庭賜而後用之大夫人嘗在公第適疾作久不愈卜人云移寓則安大夫人曰養病莫如心安吾舍此安之其在開城府大夫人欲觀鷹獵公陪遊天壽院放鷹鷹忽穿雲而飛俄逐一雉至院庭搏攫大夫人讙曰非汝誠孝安能見此奇特父母之喪廬于墓側終三年一不過家朝夕上墓哭必隕絶形毀骨立幾不能保居常言及父母輒先泣涕遇忌辰自朔朝不御酒肉至其日哭泣如始喪時遇生日亦

必薦獻如忌祭之儀伯氏無後公以次主鬯凡祭祀必前期七日齋戒奴婢執事者必令澡潔更衣躬莅祭饌至老不懈諸弟請依 國俗輪行忌祭公不許事伯兄如嚴父日詣候問恭恪承事雖貴不替兄沒而事嫂益謹凡田丁之嫂所願有者皆歸之待遇姉妹和敬無間言寡姉居貧爲營居室衣服珍異供給不輟姉嘗病痢不耐苦藥公手煎蛙糕以進病則見愈姉涕泣曰養我醫我皆公之賜顧老身無以報恩惟願永享多福符公之德而已末妹嫁居嶺南兵後飢饉阽死公聞即徃省解箱賑與之乞粟旁邑以救之後十六年公年已七十每念此妹不置求奉使以徃一路知之爭致餽奉鄉里嗟歎撫孤甥如已出九

急進維諸侄甥視為依歸所受祿俸必分與窮孤每當科日持
橐者踵門待親戚曲有恩禮或來謁節書札未嘗以煩猥辭必
與之曰事之從違在彼為之自我當如是也嘗以先世遺業少
而兄弟衆析産時不取奉祠田丁乃用夫人家奴為塚户戎家
人雖務勤儉取足朝夕絶無分表經營衣服器用一從樸素其
為臺諫不以攻擿訐直為能事務正大事不欺以為本嘗聞大
臣匿過坐讒命子弟取小學高允不奉東宮指導事讀之曰人
臣之義當如是臨終亦以忠孝二字勉子弟其為政明識典故
務持綱紀裁剸肯綮不遺細微燭發幽隱動如神明剖決精審
句判斂速其所莅必先糾奸猾用刑嚴必令出不返不隨勢而

枉法不循俗而苟安名實必核本末具舉無書生之輕俗吏之陋眞識務之學通方之才矣嗟乎以公之貞德長材由淸门而取大科歷盤錯而懋績用其於踐歷淸要延登揆位若無難者顧乃一起一跌棲遲州府雖以年閥之久位躋正卿少宰閒秩不過押班叅署而已卒不能當將相之重以究其經濟之畧何哉蓋公平生韜晦自養孤介不倚非有公會則靜坐賓客至穆然相對寒暄之外不交他語賓客皆敬憚不敢久坐旋〻起去其於不善人固視之若浼雖善人亦未嘗曲意投合以是獨立於世無爲之先後少時擅名場屋文人金叅廷交贄甚歡要與講業公不肯其在翰苑議故洪公暹李公浚慶閔公箕承旨李

公後白奇公大升皆稱公材器可大用然公未嘗詣諸公謝柳
相成龍以檢閱同禁直最久一不交私款其出郵也吏判李公
山海適不當銓注惜公左遷會羅牧缺以其地通而腴委叩公
以移援之意公辭謝竟不許在郵四年遘疾甚危李議政公屢
致書促其解歸且諷以進取之機公又不應李議政公臧否頗
皆爲一隊士類所推威望赫然而公未嘗闚說其間自朝紳分
黨爲非闒茸琑累之甚鮮有不蹈其境者公立 朝五十年獨
無顯現指目以爲世重 國婚之家義存休戚 恩禮之隆有
不期而然者公館甥 王子自劾以威滿爲戒力勑家衆毋或
藉宮家事 王子來謁公但肅容迎候不敢以舅甥之分有所

昵比　宣廟末權相有素於公欲籍爲己重或踵门繾綣或注擬清顯公絶不回謝光海時元兇尤欲攀結推爲舊德老臣曲致情禮公益懼戒門稱病靜處一室以書畫自娛庭栽一竿竹撫玩寓意倫然若世外人者又五六年以卒嗚呼士之所貴於道者以其出處去就能不失其正而已以今而論公之世則公之不肯少貶抑以徇時勢者隨迹可見其蹭蹬名場終不獲大用宜無足恠然而朋黨之極士無完名宮家之禍迄今未艾而公獨超然於疑謗之外終身不入機穽此其中立不倚之節炳幾全身之智尤大彰明較著者哉沈相喜壽每稱公一生專靜不曾屈己從人眞鐵石肝腸申相欽嘗稱公諳鍊法例明達治

軆其馭下如束濕非人人所及宋同樞英耆卽公之侄婿性亢

少許可頗獨心服公常稱公卒諸忠孝施之於政居家之　朝

之節如青天白日無一點汙及公之歿爲文以敘其德行甚悉

且戒公諸子孫毋墜落家聲噫三君子之言盡之矣貞夫人朴

氏廣州牧使諱諫女也有貞德至行婉美偕老公卒而夫人絕

食致哀後公月餘而卒同殯同日而葬人又知公之德所以刑

於家者如此矣有三男二女長男璶平壤庶尹次瑁前溫陽郡

守次璥今內侍教官次璾今沔川郡守女長前軍器僉正李忭

次郞　王子仁城君珙孫男十五人曰參軍昌遠典籍昌之曰

昌運庶尹出也曰昌業昌國昌煥昌顯昌啓溫陽出也曰昌顏

昌亨敎官出也曰昌言昌門昌庭昌明昌世沔川出也孫女四人曰都事權審中庶尹婚也曰生員鄭元詹沔川壻 二幼未行植少僻陋未及登公門亦嘗從士大夫之後講聞公之平素已稔晩家龍門之南數從敎官君遊敎官君忠信不妄人也仍以得考其家乘所傳則與夙所耳剽者不誣兹敢掇其大者纂次爲狀如右其取而特書在太史考而易名在太常紀諸金石以示來世在當世立言之君子伏惟幸賜鑑裁焉

肅簡公諡狀

白湖 尹 鑴 撰

公諱承吉字子一號南岳尹氏系出嶺南之海平縣始祖曰君正仕高麗致仕司空歷知密直司事萬戶僉議左政丞謚英毅

公碩政堂文學之賢進賢館提學邦晏寶文閣提學思修入我
朝爲水原府使　贈兵曺判書處誠司憲府掌令　贈左贊
成沔凡七世至諱薳軍器寺僉正　贈領議政寔爲公曾大父
大父諱殷弼吏曹叅判　贈左贊成當　中廟北門之禍有爭
臣之言事見己卯錄考諱弘彦司憲府監察　贈領議政二代
之　贈用季氏領議政承勲推　恩也妣　贈貞敬夫人全州
李氏宗室長臨守諱屛民女也嘉靖庚子十月丙子生公于漢
陽東村第聰明夙慧幼不好嬉五六歲自知就傅讀書寒暑刻
勵至忘寢食甫冠而學業大就辛酉陞上舍祭酒許公曄與講
說庸學瞿然驚歎知其非俗儒之學甲子通經登第選承文院

副正字 明廟上賓方迎 宣廟在邸宗人多奔詣 私邸院吏亦請行同列欲從之公曰必吾等行者須政府符到乃可既而兩司劾詣 邸者同列愧焉薦授藝文館檢閱兼春秋館記事官遷承政院注書 宣廟初政日開賓筵左右史難其任公耳聞手錄記載詳悉侍臣咸稱其才李文純公之乞退也 上引見咨訪文純公對揚移晷翌日因門人求見記草復書稱善語在集中陞成均館典籍遷司憲府監察工曹佐郎庚午薦入兵曹爲佐郎始以吏能著先是衛士科祿出胥吏高下失次積成痼弊公首黜用事猾吏手檢仕簿毫絲不私文書行衛士相慶於道判書吳公祥歎曰非某剛明安能辨此事叅修 明廟

實錄辛未夏出爲黃海都事左授也 公自翰苑陞兵郎人皆謂
當入臺閣而 公不附時勢爲銓路所不悅以之迹阻華顯始基
於此矣換京畿都事入爲承文院校理禮曹佐郎陞戶曹正郎
奉 命檢京畿災傷癸酉因事罷俄復兵曹正郎陞成均館司
藝兼宗學導善始入憲臺拜持平旋爲典籍刑曹正郎還爲持
平直講爲養求外除開城經歷甲戌因以事罷歸敍復直講復
拜持平俄出判官三道是時漕運不時別遣從臣彈壓列邑故
有是除入爲掌令遷軍器令正 仁順王后之喪爲 山陵都
監郎先是都監郎素以清望遴而事役煩碎例以儒緩不省務
一任胥僕姦偷以職掌鑪冶郎不斂向校銖兩無所失役完還

剩鐵三千斤于度支判書尹公鉉歎曰 山陵之役無加索而
有羨餘吾綫見此郎耳復爲掌令旋遞旋授者三爲司藝者再
丙子復爲掌令是年丁外艱服除復宗簿寺僉正爲養復求外
除南陽府使南陽近京多豪勢庄户公莅之一繩以三尺姦究
大戢有飛謀鈎謗欲撼而去之者以公廉謹終莫能中傷壬午
坐失牧場馬例罷郎叙爲司藝轉司諫院獻納時接日本使臣
用女樂公力論其不可乃已遞爲司藝是年有詔使爲迎接都
監郎〻亦高選其例不省務此 山陵九虞而公司酒局察職
加崇同僚以寒甚索飲公曰尚未公讌此不可先餉人遠接使
李文成公珥聞而嘉之而鄙其索飲者遷宗簿正復爲掌令癸

未遞爲司藝復爲掌令遷司導僉正陞司贍寺正司贍貨局也
公搜逋括漏一斷以法又爲司宰監正司宰膳部也其辦治嚴
東不撓猾吏之舞奸濫者視司贍尤兢兢焉公之爲兩司正皆
用臺官遞 恩例授人視爲逆旅而公惟位之思旬月著能聲
其任職不苟類如此遷掌令時有北胡尼湯介之變李文成公
將本兵行納馬免防之令未及 聞而行三司劾論之公亦與
焉其 啓曰前判書李珥顯有專擅慢君之罪言官之論劾欲
其隨事救正共濟 國家之意也所當反躬自省有則改之無
則加勉而反以臺諫之言爲不悅拈出 啓辭中數語以爲自
明之計累日陳疏多有不平之語自 上丁寧慰諭者無所不

至大臣又爲之敦勉強起請出 命牌而猶不動念方在推考
之中而公然呈辭至於、 啓辭以大臣不抑言者爲非又以詬
于左右稱量輕重爲請設使臺諫之言或有過中自有公論被
論之人豈可自謂無過而爭辨不已乎大抵爲國家重臣者平
心虛己不厭人言惟以可否相濟爲急然後可致和平之福若
少有人言輒爲之不悅必欲擊去而後已他日之弊有不可勝
言者去之蓋公之意出於同朝相規之義而若非世人之挾私
排逐者於此可見矣時朝論攜貳野疏繼上隣有一宰臣好爲
黨論囑公收繫疏儒公曰草野之言雖或不中豈可罪之況械
治儒生非 聖世事聞者不悅移宗簿司導令正爲慶尚道推

刷 敬差官時北道慶源官婢玉非者本以嶺南之晋產逃還
貫鄉積有年所子孫繁衍男婚女嫁遍處十餘郡互相欺隱難
以摘發公牘 命推刷不用刑杖審核區別俾無派及之弊列
郡不擾事未卒聞伯氏喪訃徑還臺官劾其違法罷之時北方
新去尼胡之亂 廟堂方議實邊代公者承奉 廷旨不復辨
覈一切用武治鉤摘老還之橫移者亦多一道大擾老幼顛仆
道路相與號哭曰前官若在必不使我至此甲申丁內艱服除
復尚衣院正遷司諫遞移司宰監正奉 命按獄海西丁亥轉
執義時儒生李貴上疏言癸未之事論其時三司故公辭遞移
尚衣院正奉 命檢湖西災傷出為龜城府使時龜城倅林植

以湎酒怠政被劾　上命極擇其代銓中有不悅公者以公應
命諫院三　啓請留　上曰此邑累經匪人歲又飢荒勞來
安集必須良吏給馬遣之親舊咸來唁公夷然就任開倉賑之
蠲賦已責剔去姦蠹綏集流逋每有大小徭役量近遠較饒乏
均劑如一舊俗相朋爲盜官不能禁公即鈔除首惡而宥其黨
境內帖然地接邊塞民鮮知禮婚娶多瀆亂公爲設條禁民頗
從革有豪族好植私凌上即官欲抵罪率用苞苴獲免公痛禁
交關申嚴約束有犯無貸汚俗爲之一變前時官糴之糴也姦
民雜以沙土及其糶也民受其害公躬檢察之使之斂糶均淨
自是倉庾實而民惡弭乃繕館宇勸兜用樊祛利興百爲大開

又重修　聖廟釐正學法青衿興起有內地學校之風居三年
四境晏謐政聲聞一道辛卯秋都堂錄壬辰倭寇大入　車駕
西狩公出次廣哭俄聞平壤陷公乃屬吏民耆老而告之曰
國家之事一至於此吾爲人臣雖無職事尚可一死况有守土
之責乎惟是欲守則無城欲戰則無兵惟當擁兎疆內以償從
前許國之志爾等宜早自從便毋爲共蹈鋒刃也衆皆泣下曰
公視民如子民亦視公如父父在子焉往公知民志未携老穉
境內丁壯爲兵諭以大義士氣稍振移檄江關召募土兵驍騎
頗集時都元帥金公命元偏師左次　行朝方議渡遼公郎以
所集兵粮歸之元帥元帥賴以成軍嘗杖博川守某曰龜守文

人尚用征繕濟我汝以武弁挈家先走將馬用汝時列邑奔潰民多刼掠官婦或潛入公邑欲爲變更請備之公曰無事備也單馬數僕出入自如賊終不能動則煽爲訛言曰賊已渡嘉平江直指 行在矣或勸公散倉穀毋爲賊得公曰我國必不至遽亡 天兵朝暮渡鴨水吾用此穀以備軍需郎一散不可復合此秖亂民興訛耳已而果然冬 天兵渡江公先用私馬載餉民爭趍之自冬及春飛輓織路民不告勞我 朝之迎接天兵再造功業實基於此元帥上公前後勞績 命加通政以奬之癸巳春爲宋經畧接待都差員遼兵素悍旣爲我來暴我人甚差員策應一行誅索四集公維持調戢不失交際躬冒艱

棘不懾不允遼人敬服不敢凌犯伴接使尹公根壽每遇大事
必邀公商定秩滿方伯 啓請仍任冬薦拜忠淸監司臺諫論
公遠在西邊而湖西事殷不宜久曠請遞時議以公爲承旨
上即用代以監司而用公代承旨 異數也甲午春以刑房承
旨參鞫宋儒眞逆獄儒眞旣竄發就擒後黨株連甚公進曰瘡
痍飢饉之餘逆變繼起賊招所引若皆逮捕恐人心疑危將有
所難處者矣 宣祖然其言誅其首謀者十六人其餘並不問
三月江原監司姜紳以尸職被論 宣廟命極擇議薦備局以
公應 命拜辭之日 上因命賜酒流涕而言曰國事至此咎
實在我平安監司李元翼外無一人爲國盡忠予實痛焉當今

急務莫如生聚教訓期雪深耻須體予意徃盡乃心 公感激受
命旣就官期報 知遇時本道被兵最酷踵以飢饉餓莩日
積相食且盡監司守令環視不知所出 公受 命以來多方設
計賑饑恤死間抽丁壯分作隊伍 啓請教師以戚氏紀效新
法從事以時行列邑試其藝賞罰之犒饗之守令黜陟亦用教
鍊勤慢列郡承風上下聳勵歲未一周手足行伍之法精習可
用旗麾武服一新其製罷械兵仗罔不堅利教師唐將臨陣歎
曰雖北南兵無以過也及入京爲 上言曰自入貴國閱歷多
矣器械軍容未有如江原一道可謂隱然長城矣 宣祖大悅
每於筵中問首相柳成龍曰近來江原道鍊兵何如公又大造

戎器分藏列邑販鹽市魚儲峙軍餉相險設防以爲要害東人
恃以無恐用前鞫獄功加階嘉善秩滿備局難其代 啓請仍
任時議攺被劾 宣祖問首相柳成龍曰今議攺有缺以誰爲
相對曰時望歸於平安監司李元翼久矣 宣祖曰然則平安
監司誰可代之對曰如李德馨足以當其任也 宣祖曰江原
監司非獨治聲素著受任於板蕩之地治民鍊兵各有條法予
甚嘉之未知卿意如何對曰今若易之則嶺東之事勢將中廢
故臣等之請仍其任實難其代也 宣祖曰地有輕重予意決
矣翌日李公入相公代之拜辭之日 傳教曰昨因唐將接待
夜深還宮未得引見卿其往哉毋怠如始先是翰苑製進 教

書命下政院改製宣授見者以爲前 教書叙褒功奬善之詞畧矣 聖教改製必出於此云時闕下既經供給 行在遏賊復疆常爲 天兵往來孔道賦役調度公私刼〻李公既以重臣留按仁恵撫摩軍民帖安及其去民如失父母至刱生祠以寓慕及公之爲代約已便事率視李公而興滯振弊加恢前規應待華人曲暢歡意而奬又不及於民〻情又洽然稱頌柳相每見人自闕下而還必問公所爲以達于 上喜動天顔人謂公之治關東人或可及代李公而著績爲尤難云是時胡奴始大有啓釁狀 廟議請遣武人申忠一偕 天將余希元諭以交隣之義乃覘其動靜而不自 廟堂指揮下書于公使授方

畧 廟堂之倚重如是余將與公語退謂譯官曰爾國亦有人也丙申公勞積成疾經歲而不敢告休至是疾益甚再上章乞罷備局覆 啓准請 上令極擇議薦時申磼代爲監司憲府論遞之吏判又以備邊司所薦柳根韓孝純洪履祥備望以入傳于政廳曰此望無可當之人前監司病勢不至甚重則仍任調病然以久不蒞位及秋因臺諫 啓論得遞寓居江東村舍丁酉冬復同樞病未拜 命已亥還 朝時關北有老土之虞擇授公咸鏡道觀察使公以前疾未瘳三疏得遞復拜同樞遷漢城府右尹兼同知義禁府事爲楊經畧伴接副使兼三道芻粮摠管使轉工曹叅判庚子春兼都摠府副摠管遷兵曹叅

判時洪汝諄爲判書苞苴肆行竹山姓朱人以奴婢十口因人
請賕求堡將公却之曰我則不爲此也由是恥與之同席每當
政日引疾不進未幾汝諄與李甫聰分朋爭權　上厭其不靜
而兩黜之　命用剛方寡黨之人以鎮臺閣五月擢公大司諫
俄遷大司憲士林屬望旋遞爲同知中樞兼同知義禁備邊司
提調辛丑兼副摠管遷大司憲時臨海順和兩　王子家多犯
法民受其害公欲劾之同列難之公曰得言而不言罪也遂發
論請罪又於　經席極言之　上色不豫左議政金公命元進
曰近來臺閣以言爲諱尹某之　啓發於忠懇可謂朝陽鳴鳳
也　筵罷特進官申公磼歎曰人所難言者公獨言之吾輩能

無愧乎未幾因事遞移西班士論嗟惋秋拜刑曹參判論因鞫
獄必裁于法長官大服大小之獄必先咨公乃決廣州邊姓人
被誣以殺人久囚未決公以特進官入侍歷陳冤狀左右皆是
公言 特命放釋邊姓人走公門叩謝公辭不見誣之者呼唱
道路言公私於邊 朝廷雅信公廬正讒言不得行癸卯進階
資憲拜刑曹判書俄遞移西班行同樞甲辰爲典醫監提調因
元日貫日之變應 旨上封事論恤民弭災之策指陳剴切見
者動容乙巳用龜城策應功 賜宣武原從功時臺諫 啓西
征將士外西路奇令之有勞者並去勳籍故公不與正勳與議
惜之 朝廷以公不與正勳特官其子後兼摠管知義禁拜左

叅貫丙午八月兼五衛都摠府都摠管九月承 召詣 闕時日本稱和於我繫械二兇因稱犯陵賊來以示款柄臣當國者欲自以爲功將行獻俘禮于 太廟廷議不一 宣祖大王命召二品以上各自獻議公適與延興府院君金悌男同座構議草示金公其畧曰我國宜還其二囚而據義斥絶曰人臣之罪莫大於欺君擅柄二百年和好之國一朝無故構兵殺其父兄虜其子弟夷其宗廟掘其陵寢遷其重器此古今載籍所未有也當壬辰之初爾國必有人以辟土地服隣國欺其君興兵者爾果械致賊于境上數其罪而搏磔之以示其悔禍之意則我當上告 天朝中告 宗社下告臣民復與之和好如初云云

金公言曰辭意則固凜然雖使秀吉見之亦必屈膝然語意似
有所指無益於事而恐觸人之怒也公曰如公言莫如不爲袖
其草稱病而出己酉參耆老所遞移知樞兼知春秋參修 宣
廟實錄辛亥復拜參贊兼知義禁壬子錄翼 社功臣進階崇
政封海善君兼判義禁府事乙卯爲司饔寺提調七章乞歸田
里 不許丙辰十一月二十一日卒于樂善洞正寢壽七十七
天啓癸亥 反正後以翼 社勳在昏朝罷後 贈議政府左
贊成以女婿仁城君珙推 恩又 贈領議政以子瑁扈 聖
原從功也公姿容丰秀儀度端雅少習經學專務操持未嘗有
疾言遽色惰容戲言平生不接麴蘖不近倡妓尤不喜聲樂於

世间華靡玩好一切視之若浼自在幼稚惟父母是順父母稱
爲孝兒既長承顔養志左右無違大夫人有不悅於家婦嘗提
抱公謂曰汝長而娶妻毋令如汝嫂事我公自幼服膺眷眷恒
以戒勵夫人夫人一循公意誠孝備至父母在時不蓄私財騶
直祿俸皆歸之親庭賜而後用之大夫人嘗在公弟適疾作久
不愈卜人云移寓則安大夫人曰養病莫如心安吾舍此安之
父母之喪廬于墓側終三年一不過家朝夕上墓哭必隕絶形
毀骨立幾不能保居常言及父母輒先泫涕遇忌辰自朔朝不
飮酒食肉至其日哭泣如始喪時遇生日亦必薦獻如忌祭之
儀伯氏無後公以次主鬯凡祭祀必前期七日齋戒奴婢執事

者必令滌潔更衣躬莅祭饌至老不懈諸弟請依 國俗輪行
忌祭公不許事伯兄如嚴父日詣候問恭恪承事雖貴亦不替
兄歿而事嫂益謹凡田丁之嫂所願有者皆歸之待遇姊妹和
敬無間言寡姊居貧爲營居室衣食珍異供給不輟姊嘗病痢
不耐苦藥公手煎蛙餌以進病即見愈姊涕泣曰養我醫我皆
公之賜顧老身無以報恩惟願永享多福荅公之德而已末妹
嫁居嶺南兵火後飢饉阽死公聞即往省解箱賸與之乞粟旁
邑以救之後十六年公年已七十每念此妹不置求奉使以往
一路知之爭致餽奉鄕里嗟歎撫孤甥如己出諸侄甥視爲依
歸所受祿俸必分與窮孤每當科日持橐者踵門待親戚曲有

恩禮或求關節書札未嘗以煩猥辭也與之曰事之從違在彼爲之自我當如是也至於奉職律己則執法獨行先公後私非義不爲其爲典醫提調也時各司貢獻皆爲執家所防占都民受役者失業怨嗟無不至公知其弊爲提調十餘年未嘗與奪於其間時有瑞山郡藥貢米數十斛所謂私主人者受陳省船運京江而有一宰相託言其家田結所收盡奪取之來請於公欲自防納公曰陳省照訖權在戶曹藥材俸納柄在臺監所謂提調諺所謂失餅之譏也其宰相知公意面赤而退嘗以先世遺業少而兄弟衆析產時不取奉祀田丁乃用夫人家奴爲掾戶戒家人唯務勤儉取足朝夕絕無分表經營衣服器用一從

樸素其為臺諫不以攻擿訐直為事以事君不欺為本嘗聞太
臣匿過坐譴命子弟取小學高允不奉東宮指導事讀之曰人
臣之義當如是臨終以忠孝二字勉子弟其為政明識典故務
持綱紀獨發幽隱如神判決敏速其所蒞必先糾奸猾明政刑
凡出令不隨勢而枉法不徇俗而苟安可謂識務之學通方之
才矣噫公平生韜晦自養孤介不倚非有公會則杜門靜坐賓
客至禔偲相對寒暄之外不交他語賓客皆敬憚不敢久坐旋
旋起去其於不善人固視之若浼雖善人亦未嘗曲意投合以
是獨立於世無為之先後少時擅名墻屋文人金素廷交贊甚
款要與講業公不肯其在翰苑議攺洪公暹李公浚慶閔公箕

承旨李公後白奇公大升皆稱公材器可大用然未嘗詣諸公
謝之柳相成龍以檢閱同禁直最久一未交私款其出龜也吏
判李公山海適不當銓注惜公左遷會羅牧缺以地通而賕委
叩公以　授之意公辭謝竟不許在龜四年遘疾甚危李議政
公屢致書促其解歸且諷以進取之機公又不應議政公臧否
頗晳為一隊士類所推威望赫然而公未嘗閱說其間自朝著
分黨搢紳之士鮮有不陷其境者公立　朝五十年獨無顯現
指目以為世重　國婚之家義存休戚　恩寵之重有不期而
然者公館甥　王子自初以戚滿為戒力勅家衆無或藉宮家
事　王子來謁但肅容迎候不敢以舅甥之分有所昵比　宣

廟末權相有素於公欲藉爲己重或踵門繾綣或注意清顯公
絶不回謝曰白首餘生名位已極其又與權貴相追逐耶光海
時柄臣尤欲攀結推爲舊德老臣曲致情禮公益惧戒門者稱
病靜處一室以書畫自娛庭栽一竿竹撫玩盤桓脩然若世外
人者又五六年以卒其自操持如此沈相喜壽每稱公一生專
靜未曾屈己從人眞鐵石肝腸申相欽嘗稱公語錄法例明達
治體其馭下如束濕非人人所可及宋同樞英耇郎公之侄婿
性亢少許可頗獨心服公常稱公本諸忠孝施之於政居家立
朝之節如靑天白日無一點汙及公之歿爲文以敍其德行
甚悉且戒公子孫毋墜落家聲李判書植稱以公之貞德長材

游刃盤錯而一起一跌棲遲藩府晚乃少宰聞袟不能當將相
之重以究經濟之畧者以公之去就以正不肯少貶以隨時勢
而已噫郎數三公之言可以徵公之持己處世矣貞夫人朴氏
廣州牧使諫女也有貞德至行婉美偕老公卒而夫人絶食致
哀後公月餘而卒同殯同日而葬人又知公之德所以刑於家
者如此有四男一女男長璶平壤庶尹次瑁溫陽郡守次瓚內
侍教官次璾廣興倉守女長軍器寺僉正李忭次　王子仁城
君珙孫男十餘人曰都事昌遠典籍昌立曰昌運庶尹出也曰
昌業昌國昌煐昌顯昌路溫陽出也曰昌顔昌亨水使教官出
也曰昌言昌門昌庭昌明昌世廣興守出也外孫士人李光漢

佥正繼後也海平君佶海安僡億海原君健海寧君伋海陽都正信仁城君出也孫女曰佐郎權審中應尹婿也曰士人張百年士人李楠教官婿也曰縣監鄭元詹士人尹以升文科佐郎曹孝昌進士安時哲廬興守婿也曰營將南壽星生員沈長卿仁城君婿也内外曾孫男女如干人鑴生也後不及掃公之門間得從處士吕门氏游受其家乘而伏讀之其居家之孝友立朝之忠勤處心之公正行身之修潔法宜著諸簡策傳示來世謹就其家乘撮其言行之可記者如右歸之太常以請易名之典焉

肅簡公神道碑銘 并序

松若 李瑞雨撰

故左叅賛 贈領議政諡肅簡南岳尹公歿後八十有三年公
之嗣玄孫世周始克治麗牲之石不以不佞瑞雨爲推不文亟
遣子鎰徵其銘瑞雨固辭不獲命謹按其家狀則故判書澤堂
李公植爲行狀故賛成白湖尹公鑴爲諡狀斯二公者世稱名
臣之二狀詎不爲惇史矣乎瑞雨得援据而爲之辭後之君子
宜無曰無徵也公諱承吉字子一生於嘉靖庚子歿於萬曆丙
辰享年七十七其世曰海平之尹始祖諱君正爲高麗司空六
葉顯貴至掌令 贈左賛成諱沔爲公高祖曾祖諱萱軍器僉
正 贈領議政祖諱殷弼吏曹叅判 贈左賛成考諱弘彦監
察 贈領議政妣 贈貞敬夫人李氏宗室長臨守諱舜民之

女二代之　贈用公弟領議政承勳推　恩也其歷曰辛酉進
士登甲子明經丙科選槐院薦爲左右史己巳陞典籍自此至
戊子廿年之間爲監察直講司藝承文校理工刑兵戶禮郎臺
爲持平掌令執義院爲獻納司諫曹郎臺館有屢經者兼帶春
秋宗學導善瓦署別軍器宗府司導僉正司贍尚衣司宰司饔
正外任則黃海京畿都事開城經歷海運判官南陽龜城府使
癸亥自龜城擢拜忠清觀察使以路遠遞俄拜承旨甲午拜江原
觀察使乙未移拜平安觀察使丁酉遞付西樞己亥拜北藩以
病疏遞拜右尹同知義禁府爲楊經理伴接副使摠管三道舘
粮轉工曹參判副摠管遷兵曹參判自諫長移拜都憲遞爲護

軍備邊堤調辛丑刑曹叅判癸卯陞刑曹判書兼都摠管乙巳
錄宣武原從功丁未拜左叅贊戊申加正憲階己酉入耆老所
兼知春秋壬子錄翼 社勲封海善君兼判義禁府事公旣殁
至 仁祖癸亥追削光海朝諸勲功券亦還收後屢 贈至領
議政令 上庚申 贈謚肅簡取剛德克就正直無邪之義云
公生而悟慧不好嬉五歲家有失亾誥諸僮公指其一曰觀其
色也肅偷乎僮果服父母大奇之甫十歲自知就傅讀書忘寢
食及冠而業大就入上舍祭酒許公曄與講說庸學瞿然驚歎
知其非俗儒之學在槐院 明宗上賓方迎 宣祖郎廳百官
多奔詣私 郎院吏亦請行同列欲從之公曰也吾等行者須

政府符到乃可既而兩司劾諧邸者同列愧為兵曹郎首點
用事奸吏手檢衛士仕簿以次科祿革其循私高下之弊文書
行衛士慶於塗判書吳公祥歎曰非某郎之剛明安能辦此事
仁順王后之喪為山陵都監郎之素以清望選例務儒緩不
親煩碎一任胥隸奸偸公掌鑪冶乃自句校銖兩無失役完還
剩鐵度支三千餘斤判書尹公鉉歎曰山陵之役無加索而有
剩還吾終見此郎甫寺監之正多用臺廛例授人視為逆旅而
公任職不為惟仮之思如司贍貨局則搜逋括漏一斷以法司
宰膳部則溫東猾吏九加嚴密痛城罷經匪人游被災荒 上
命極擇其守銓有不悅公者以公有命諫臣三啓請留不許親

舊咸喑公〻夷然就任開倉賑之蠲賦已責剔去奸蠹綏集流
逋有役則量遠近輕饒之均劑如一舊俗相朋爲盜官不能禁
公鋤除首惡而宥其黨邊民鮮禮俗嫁娶多瀆亂公爲設條禁
豪族好植私凌上及抵罪率用苞苴免公痛禁交關有犯無貸
官糴之租奸民雜以沙土穀積無用窮民受其糴益窘公躬檢
斗石使之斂糴匀淨倉廩既完乃繕館宇飭器用弊祛利興百
爲大開又重修文廟釐正學法青衿奮興居三年壬辰變作
車駕西狩公出次痛哭俄聞平壤陷乃厲吏民父老諭以大義
移檄江關召募土兵驍騎頻集時都元帥金公命元偏師左次
行朝方議渡遼公即以兵糧歸之元帥賴以成軍嘗杖博川

守某曰龜守文士尚用征繕濟我汝以武弁挈家先走將汝爲
用時列邑奔潰民多刼掠官帑有欲潛入龜爲變者吏請備之
公曰無爲也一馬數僕出入自如又訛言賊渡嘉平江直指
行在戎衛公散倉毋爲賊得公曰天兵朝暮渡鴨水當用此穀
餉郎一散豈可復合此徒亂民興訛耳已而果然及天兵至公
用私馬先運民爭趍之自冬及春飛輓織路而民不告憚元帥
上功前後勞　命加通政以賢之宋經畧之來公爲接伴都員
遼兵素悍負援我之勢肆行誅索公維持調娛不失交際躬冒
艱棘不懾不亢接伴尹公根壽每遇事必邀公商論甲午以承
旨叅鞫宋儒眞之獄儒眞既竄發就擒徒黨株連公進曰瘡痍

之餘有此内變若窮其逮訊人心不安於是只誅首惡十六人
為關東觀察將行 上引見流涕曰今急務莫如生聚教訓期
刷至恥卿須體予意毋負委寄之重公受命感激時關東酷經
兵荒饑莩相枕公多方賑救民稍回蘇間抽丁壯束隊演武又
請于 朝別置教師以新須戚氏書從事巡歷課示明試紀律
黜陟守令視此為第不期年士皆精習可用唐將見而稱之至
為 上言曰貴國軍容關東為最公又益兵器財糗粮以備不
虞一路恃而為安李公元翼自西臬入相廟議皆請以李公德
馨代其任 上曰江原監司治績最著予意決矣遂以公代李
公教書成 上特命改撰褒辭加奬以重之時關西新經借御

又當天兵往来之塗賦役調度公私刼〻李公旣以重臣子惠
軍民及其去如失父母至刱生祠寓慕及公之為代約已便事
率視李公而興滯振弊加恢前規應待華人曲盡歡意而弊不
及於民〻又洽然稱頌柳相成龍每見人自関西還問公所為
以達于 上喜動天顔人謂公関東之治或可及而能繼李公
関西之治為不可及云公在西積勞成疾再上章得遞旣而出
代則 上以無可當之人特 下教仍任公未幾竟以病遞公
貳西銓〻長洪汝諄苞苴肆行有竹山姓朱人因人欲以僮百
指賭僅将公怒曰我則不為是也每政引疾不進為典醫提調
有權宰奪人藥貢米數十斛請於公欲自代公曰米綱在戶部

捧藥在臺監提調何與焉宰知公意面赤而退在臺閣輒盡言不諱北胡尼湯介之變栗谷李公長本兵為納馬免防之令未及聞而先行之公為掌令與館院並啓劾曰李珥有專權慢君之罪言官論劾欲隨事救正珥不反躬自省拮出 啓辭中數語為自明之計累日陳疏多有不平之語終之以他日之弊有不可勝言時朝論携貳野疏繼上隣有一宰君好黨嚅公收繫疏儒公曰草野之疏雖不中豈可罪之況械治儒生非聖世事聞者多不悅臨海須和兩 王子家多犯法民受其害公為都憲欲劾同列難之公曰得言而不言罪也遂論請罪又於 經席極言之 上色不豫左相金公命元進曰近来台閣以言為

諱尹某之言發於忠懇可謂朝陽鳳鳴也出容儀秀雅少習經
學專務操持未嘗有疾言遽色惰容戲言凡酒色聲樂華靡玩
好之物一切視之若浼自在幼稚惟父母是順父母稱爲孝兒
旣長承順養志左右無違仕入騶直祿俸皆歸之親賜而後用
之前後丁艱廬墓終三年一不過家朝夕上墓哭必隕絶形毁
骨立居常言及父母輒先泫涕忌辰自朔朝不御酒肉至其日
哭泣如始喪伯氏無後公以次主奠凡祀事必宿齋勅奴婢澡
潔更衣躬檢省滌至老不懈事伯兄如嚴父日候問不替兄歿
事嫂謹益於姊妹極和敬養寡恤遠竭其誠力甥侄視爲依歸
所受祿俸分與窮孤待遇親戚曲有恩禮以先世遺業少而凡

弟衆析産不置奉祀田丁戎家人務勤儉取給朝夕絶無介表
經用服用一從樸素當官奉職律已執法非義不爲明識典故
整頓紀綱釐隱必燭剖辨如流凡注措政令不隨執而枉法不
循俗而苟安平生孤介不倚非有公故則杜门靜坐賔至穆然
相對寒暄之外不交他語人皆敬憚不敢久坐少時文人金泰
定交贄甚款要與講業公不肯其在翰苑洪公暹李公浚慶閔
公箕李公後白奇公大升皆稱公才兕可大用然公未嘗造諸
公謝柳公成龍以檢閱同直最久而一不交私款其出廼也李
公山海惜公左遷會羅牧缺謂地適而腴欲移授公之辭謝在
廼四年遘疾甚危李議政公屢書促其觧歸且諷以進取之機

公又不應議政臧否頗嘗爲一隊士類所推而公未嘗闋說其
間朝黨旣分而公獨無可顯指者爲世所重館甥 王子溵自
戚畹而勑家衆無或藉宮家事 宣廟末權相有素於公踵門
繾綣注擬淸顯公絶不回謝曰白首餘生名位已極又與權貴
相追逐邪光海時柄臣尤欲藉重曲致情禮公益懼戒門者稱
病靜處一室書畫自娛庭栽一竿竹撫玩盤桓翛然若世外人
者五六年丙辰春夢得少日繁華已作塵之句謂子璣曰吾將
逝矣十一月戊子卒于樂善防第正寢訃 聞輟朝禮官弔祭
官庀喪事翌年春葬于砥平彌智山坐丑之原沈相喜壽無稱
公一生專靜未曾屈已從人眞鐵石肝腸申相欽稱公譜鍊法

例明達治體非人〻所及宋同樞英耆郎公之侄婿性亢少許
可獨心服公稱公本諸忠孝施之於政居家立朝之節如青天
白日無一點汙每戒公子孫毋墜乃家聲李判書植稱公以貞
德長材游刃盤錯一起一跌棲遲藩府晩處少宰閑秩不能嘗
將相之重以究經濟之畧者以公之去就以正不肯少貶以隨
時執云噫數三公之言可以見公之平生矣 贈貞敬夫人朴
氏係出羅州高麗寶文閣提學尚東之後祖諱墉 贈領議政
錦城府院君是生 仁聖王后考諱諫廣州牧使妣昌寧成氏
觀察使詢詢女也夫人生于戊申端美明粹有貞孝之行幼喪
所恃繼母仇視之有人理所不堪者夫人夔〻益敬謹某氏莫

能售牧使公寢疾於廣衙諸子皆不在夫人時年十五藥餌必
嘗夜必露禱上書 恭懿殿請內醫及歿抱屍哭三日不絶聲
見者哀酸及歸公惟公是順姑李夫人嘗不悅於冢婦撫公於
提抱曰汝長娶婦毋令若汝嫂公恒以此勵夫人夫人益敬畏
舅 贈議政公老養於夫人曰吾有賢婦都忘爲老鰥也廉於
財利门絶賄遺戚聯宮掖終無陳乞然日紡績課婢使々無々
事而食省浮費去文飾留羨餘備不虞雅不好華靡而膳服之
精緻雖侈豪家亦有遜焉斯乃塞澗之敎甫言笑有節喜怒不
形非理之干動輒引咎以此處八妹三妯之間終無間言公卒
後絶食寢苫哭泣不輟屢絶復甦朝夕奠必親子女號泣請少

寬夫人曰吾早失父母不得於繼母及至移天恩我禮我賓父母我也今已矣義不可獨存況汝輩在廷任後事者耶仍閉目不言糜粥不近口一日自起梳洗端坐而逝遂與公同殯引合葬先是有人夢見華輜先路高軒踵门從衛儀物甚盛曰尹三宰一行蓋符於葬行先輕者甚亦異矣有四男二女男長櫨平壤庶尹次瑁漣陽郡守次璣義禁府都事次璹廣興倉守女長適軍器寺僉正李忭次適　王子仁城君珙櫨三男一女長昌遠義禁經歷次昌立成均館典籍次昌運女適戶曹佐郎權庵中瑁五男長昌業次昌國昌煥昌顒昌啓璣二男二女長昌顔次昌享忠清水使女長適李檣次適張百年璹五男四女長昌

言次昌門昌庭昌明昌世女長適縣監鄭元詹次適尹以升次
適佐郎曺孝昌次適進士安時哲仁城五男二女長海平君佶
次海安君億次海泉君健次海寧君伋次海陽都正僖女長適
營將南壽星次適生員沈長卿銘曰人有美頤才德位年備哉
尹公寔得其全公初蜚英齡弱志壯有喆前輩靡不嗟賞虎衢
促步或眛驥駿盤根解縷乃別利刃茂績著藩于東于西東無
可敵西與李齊入長臺院愈剛愈貞相拜賀 王朝陽鳳鳴貴
則三孤壽幾八袠多男考終福誰與疋有婉淑配偕以共兆公
無一憾識者相吊李有難弟公乃元方胡不具相澤民滂〻夫
〻有述執云諫辭我銘于石來者徵斯

貞夫人朴氏行狀

澤堂　李植撰

貞夫人朴氏議政府左參贊尹公諱承吉之配也朴氏係出羅州高麗名臣寶文閣提學尚衷之後　本朝佐命元勳議政府左議政錦城府院君謚平度公訔之玄孫也曾祖諱緇軍器寺正　贈左贊成祖諱墉僉知中樞府事　贈領議政錦城府院君是我　仁宗大王元舅也考諱諫廣州牧使妣昌寧成氏觀察使諱詢女也夫人生于嘉靖戊申八月初九日卒于萬曆丁巳正月二十五日壽七十夫人姿相端麗識度明粹有貞專之操有孝順之行蓋自美稟超異凡兒牧使公最鍾愛五歲喪妣繼母某氏仇疾前室子女有人理所不堪者夫人務隆孝敬變

蔑益謹某氏亦莫能害牧使公每垂淚撫背曰事親惟色男子
所難而以汝一釋女而優爲邪牧使公之卒也寢疾于廣州衙
舍諸子女適不在側夫人時年十五日夜不解帶藥必口嘗食
必手餁夜則露立禱天上書　恭懿殿乞內醫來救疾竟不起
夫人抱屍哭三日不絶聲見者爲之哀動服闋歸于叅貴公
恭懿恤其孤惸賜結褵之儀某氏盡爲己用以薄貝行醮其與
臧獲率用老病充數旁觀咸共嗟惋而夫人略無幾微見於色
父凡宗族皆歎曰此女中君子也及入公門公事親不蓄私財
清約甚夫人經紀纖悉凡百供奉未嘗告乏公篤於孝養又早
服大夫人之訓每以申戒夫人夫人至老敬畏待公如大賓事

舅姑如事已親旣先表妣伯氏無後公奉考 贈議政公于家
夫人殫竭誠孝未明盥櫛手膳甘腝以進隨身百具無不稱協
議政公每喜曰吾有賢婦忘作老鰥耳凡有祭祀必前期齋祓
親涖劏烹洗滌之事祭品旣具則列卓監視坐而待曉以防損
汚廬廟之後方畧少弛莊色友兄弟敦宗族一視公意人或有
言輒自引咎故處八妹三妯之間無敢有交間者廉於財利一
介不以苟取同室中有匿先券而專遺產者諸侄以竊言夫人
止之曰吾欲明之有所不忍也公兩典饒府連按大藩久處司
冦之長政刑之間不無蹊逕鑽刺夫人痛加斥絶曰他人尚不
可欺況爲人妻而欺其夫乎及連姻 宮禁人或覬其殖貨占

庄夫人益自卑巽絶不爲陳乞營私地惟務儉勤日治絲麻分
課家衆使無々事而食者省浮費去文飾年儲月羨或留嬴餘
以備不虞然其衣服裁縫極精緻飲食滋味極調適雖平日號
爲豪侈之家皆自以爲不及豈非誠一之效哉平居不好華靡
綺麗子弟或製進錦衣却而不服仍以鐫戒手執女工至老不
廢喜怒不形言笑有節不以聲音顔色假借婢僕門庭之内斬
斬齊肅及至耆艾神明日朘嘗言一家未來事久後無不符合
公之病于関西也夫人躬苦救視廢飲食冷仍成痰疾冬月輒
作至是公病革夫人躬視湯劑若関西時及卒絶食寢苦哭泣
不輟屢絶復甦而猶親朝夕奠哭月餘吐痰嘔血子女號泣請

少寬抑夫人曰吾早失父母不得於繼母為一窮人及歸汝家
幸不見棄於所天恩我禮我寵父母我也乃今已矣我義不可
獨存况汝等在足任後事吾有何眷念於世而不與偕逝也仍
閉目不言雖糜粥亦不近口一日自起梳洗端坐而卒遂與公
同殯同日發引同日同槨而葬噫夫婦之倫自有男女而始其
淑德貞節之光于紀載者何限然如夫人盡孝敬宜家室匹美
偕壽康健榮貴受天之祐申錫子孫者固千百之一二又以耆
艾之年臨死喪奮節義自靖自盡視同穴如歸房奧者古今寧
復有其人哉先是有人在中和道次夢見華輜先路高軒踵軌
道從陪衛儀物甚盛云是尹三宰一行也覺而志之俄聞公與

夫人相繼卒而朝行以輕為先則九符夢境云噫何其異也非
夫巨人威德其昌能應斯兆乎不俟既狀公之行而畧採夫人
終始附其末顧有未能詳悉者復按家狀別為此錄俾與公狀
並傳庶幾彤管之編有所考焉

晴峯公墓表陰記　　白沙　李恒福撰

若稽我　昭敬王末年相永慶陰持斗柄竊運寒暑安以兇肚
默測天心迺欲以癸巳復復之業議上尊號規中上意朝廷士
大夫燭照其奸狀無不喙唾而舌結目已睽睽矣時有首相尹
公敢言不可曰深讐未復正君臣薪膽之日不宜有此永慶諷
有司劾之家居七年而卒時余受命有成陵之役計至除徒數

千暨吏胥數輩執用而相嗟於道曰哲人萎矣余聞即心語曰
德施之報若是之遠哉及卒事還朝其女婿李內翰敬輿以家
狀來致其胤子修撰珙之言曰奚有日矣羊豕無繫無以詒諸
後請子圖之按狀公諱承勳子述其字嵓山海平人也初有諱
君正事高麗卒官尚書左僕射入　國朝有政府事寶文閣提
學者思修三世而至諱萱軍器僉正　贈領議政生諱殷弼吏
曹參判　贈左贊成生諱弘彥司憲府監察　贈領議政以宗
室長臨守舜民之女爲配以嘉靖己酉生公癸酉陞上庠因以
明經及第選入槐院丙子丁內艱己卯入翰院庚辰爲禮曹佐
郎辛巳爲正言言事忤旨出補新昌縣監癸未爲海西都事甲

申丁外艱是後三入諫院爲正言獻納四入憲府爲持平掌令
一爲江陵府使於玉堂則自修撰至校理應校又爲議政府舍
人壬辰之亂　宣廟西遷從幸有功增秩爲大司成出諭兩湖
仍以刑曹參議兼調度使轉漕不乏癸巳入拜同副承旨陞右
副俄出爲忠淸道觀察使討平儒眞之亂秩登嘉善時湖新剏
兵繼有逆亂　上特滿再瓜以鎭之入爲戶曹參判尋移副提
學大司諫丁酉以謝恩使朝京還拜大司憲未幾爲四道總督
使以濟天兵餽餉有功特陞資憲爲慶尙道觀察使疾作　上
遣醫賜藥命遞入朝旋爲吏曹判書己亥爲戶曹判書二月再
都憲府又判吏曹四月爲咸鏡道觀察使庚子討反胡有功陞

拜正憲辛丑入判兵書五月議卜右相 上以公性簡有才畫
心國事特授之制出朝野拭目庚寅[壬]忌於永慶乞解癸卯再入
爲左議政甲辰陞領議政再遭永慶而爲所齮齕遂以終是歲
辛亥六月也得年六十三葬在楊州洪福山公之配曰廣興倉
守成好問女也生二男二女長郎修撫次[illegible]武科通政大夫龍
川郡守女郎內翰次生員許國側室子曰珩修撫一男曰昌壽
女士人鄭復吉餘一女及龍川之女皆幼公明亮簡默遇事剛
果屢擠於人幾至危殆不少撓尤長於政事嘗試外藩牒訴委
積老吏眩霧公輒霆擊斧斷渙若不思怡然靜坐而已治新昌
江陵而二邑之民鐫石載烈及判戶曹以病請告時有天兵之

虞部民常德公叅判時及政例　上出幸擁駕攔訴乞留以活
民與寡妹同居衣食後於妹或有疾親為之湯藥撫甥侄如己
出助資婚喪盡竭情而誠若余奉伏卒業因記余在己亥年間
獨在內閣將議遷銓長時有操柄大臣陰欲自效於公使客托
公於余及政出又使其客致款於公曰微某之言李相幾失公
矣今日之事皆某之力也公正色曰僕平生之志仕不因人容
色沮及入政席進退一徇於正不阿時好同席怫然政畢公顧
吏問北伯瓜限曰我欲代之居數月果得北關其為右相余以
首揆不良于時幾陷不測公於　上前極言引重語多觸忌並
為永慶所搆事載之史蓋公之所能者椒桂所不能者脂韋屈

於當世而伸於後世後之君子其必有以辨之矣余敢多言乎

銘曰 寔惟公之强哉矯他山石以爲攻 愈琢磨而愈光其

斯以爲公乎

海客公墓碣陰記　　白江 李敬輿 撰

君諱珙字元璧姓尹氏係出海平鼻祖諱君正高麗左僕射生諱萬庇知密直司使生諱碩三重大匡都僉議右政丞以功封府院君謚英毅生諱之賢政堂文學生諱邦晏提學生諱思修入我 朝官至叅知議政府事寶文閣提學生諱處誠水原府使 贈兵曹判書生諱泗承文院叅校 贈左贊成生諱萱軍器僉正 贈領議政用子殷輔貴也生諱殷弼吏曹叅判 贈

左贊成生諱弘彦司憲府監察　贈領議政生諱承勲領議政
以剛方端亮且長政事才内篤至行外著茂績爲一代名相在
鼇相碑文郎君之皇考也議政公娶廣興倉守成好問之女以
甲戌二月日生君〻自齠齡如成人嬉遊不凡沉靜淳毅不妄
言笑稍長讀書通大義癸卯陞上舍丙午拜　顯陵叅奉丁未
拜別坐皆不就戊申登第初隷槐院己酉薦授注書俄移說書
仍陞六品爲司書庚戌拜正言又移副修撰因叅銓薦其年遭
議政公喪癸丑喪畢復敍直講無何出守鳳山爲大夫人乞養
也乙卯凶人誣君〻兄弟一時被逮及對無可問光海猶疑不
釋編配于通川君不忍舍母夫人獨行偕往謫所雖在海徼窮

閭婉容愉色承顔就膝爲孺子慕甘旨之奉極意營辦不問餘
大夫人安之忘却嶺海覊棲丁巳三月夜半失火君常處齋宇
火及大夫人寢室蒼黄赴内奉出神主冒火復入見大夫人在
烈焰中挺身赴火抱持同死君妹即歸于我者以省親在大夫
人側提攜宛轉同死大夫人左而議政公側室從外来亦死焉
一家三人死於孝死於義行路抆涕薦紳歎惜癸亥改 紀筵
臣以聞 上再三嘉歎命有司旌表兩家門閭君歿得年四十
四是歲返葬于楊根延陽里先相公兆次負亥之原君初娶判
官沈悌廸女乃青松大族沉靜淵塞雅度天成生長綺紈秉禮
飭躬且有至行不幸無子早亡墓在高嶺山下再娶北道節度

使金禹瑞女亦有婦德遭變之後驚憂成疾後君十六年而卒
合窆焉生一男一女男曰昌壽今爲聞慶縣監女適掌令鄭復
吉昌壽娶左參贊李準之女生一男三女男曰就徵女適士人
沈廷碩次武人鄭斗齊次士人朴賛庭出有一女適宋餘吉生
一女鄭復吉生一男一女男曰世輔文科持平女適進士崔宙
君以相門子飭躬自守取重時輩孝于父母友于兄弟得於天
植無所勉強不俟早贊議政公家因家貧處甥館十五年與君
從姪兄弟若也內而發於性情外而見諸言行者無不心識而
目見君日侍議政公側便旋之外未嘗暫移父子間自爲知己
侵晨問寢夜分退室非有疾病日以爲常不俟家室有宿疾幾

疢者數矣君躬自扶持手自煎藥衣不解目不交三月如一日
蓺鬚分痛古人以為難然特一時事耳若君之竭誠殫力久不
懈非至愛至誠安能及此君遭議政公喪勺水不入口五日氣
若垂死大夫人驚遑涕泣敦勸始啜米飲既葬如袒免時疏食
却菜果入省大夫人必屛妻孥退處廬次衰麻不去身不跛不
倚對人言而不語夜則寢苫枕塊涕淚涔涔在枕席上不倭已
知君誠孝非今世稱孝子所及終以七尺殉親赴烈火如歸余
於是益有感於福善之天理然追蒙棹楔之新渥使一世為父
子者勸又遺不食之果天之報施其在斯耶君子昌壽將樹石
于墓道以我知君深來乞一言義不敢以不文辭謹次如右

庶尹公墓碣陰記　　　　畏齋 李端夏撰

公諱瓐字希玉系出善山府海平縣遠祖諱君正歷事高麗高宗元宗官峻金紫光祿大夫守司空尚書左僕射判工部事諱萬庇己巳一等功臣奉翊大夫副密直司事上護軍諱碩忠勤節義同德賛化保定功臣壁上三韓三重大匡都僉議右政丞判典理司事海平府院君謚英毅公宣授鎮國上將軍高麗都元帥諱之賢爲政堂文學諱邦晏亦爲政堂文學諱思修始仕

本朝官至嘉善大夫僉知議政府事寶文閣提學諱處誠通政大夫水原都護府使　贈兵曹判書諱泂通訓大夫司憲府掌令　贈議政府左贊成諱蔭通訓大夫軍器寺僉正　贈議

政府領議政是為公高王考也曾王考諱殷濟嘉善大夫吏曹
參判 贈議政府左贊成王考諱弘彥通訓大夫司憲府監察
贈議政府領議政考諱承吉資憲大夫議政府左參贊兼知
春秋舘義禁府事五衛都摠府都摠管 贈議政府領議政號
南嶺妣 贈貞敬夫人羅州朴氏 仁宗朝國舅錦城府院君
墉之孫廣州牧使諫之女也隆慶戊辰十月初吉生公于洛陽
東村自在襁提嶄然穎秀早承庭訓舉隅知三萬曆甲申公年
十七叅貢公丁内艱他兄弟尚少公獨護喪殯殮奠祭式禮莫
愆叅貢公大器之年二十三陞補上庠自後益力為文累舉不
售歲己亥以蔭授義禁府都事是府郎職專任臬事公無臨讞

獄對因口聰少無衍闕前後堂上稱之不啓口考滿例遷 宗
廟署直長未幾遞庚子復拜金吾郞適以參贊公帶其堂上之
嫌換授歸厚署別坐參選訓鍊都監郞廳有勞賞遷六品階拜
內贍寺主簿居無何除通津縣監三載方伯上考陞綾城縣令
適與本道兼使權愜有姻嫌未赴任移拜咸從旣至凜下以簡
摘伏如神刀筆之輩不敢舞其智臨政四年田野闢官庫充以
至露積事聞 特賜表裏以嘉之己酉參贊公年至七耋公惓
惓愛日不敢遠離遞例呈報轉移金浦縣監咸從之民攀轅遮
道號泣不忍別是年九月遞罷庚戌三月除工曹佐郞四月出
補黃州通判以親年之高不赴官尋拜刑曹佐郞時 詔使臨

境

國家調度絲棼難筭句當無人有司首擧公爲延接都監郞廳由蔭而居是任者自公始人榮之七月陞戶曹正郞行署數日聲駕僚寀判書黃愼服其明敏一司之事悉以委之公綜理務劇事無遺滯裕生財之道防蠹竊之弊凡百酬應無不得宜本曹長官每於籌畫之事必要公咨度處之以是政曹之轉移他職本曹輒 啓稟仍任居是職不得移者至於四年之久癸丑始除楊根郡守爲往來奉老也丙辰冬十一月參贊公下世丁巳正月母夫人繼以捐館公衰謝之年疊遭內外之憂執禮愈勤羸至滅性幸以得保然是歲劉楊兩 天使先聲又到而地部經用匱乏之應辦無計思公籌策 啓請除公正郞兼察

接待之事時箕城少尹連續遞易送往迎來民多怨咨政多廢
棄擢公除拜地郡難其代又 啓稟仍留箕城亦以華使所留
之地路要朝 天冠蓋輻輳境壤遼廣户口繁夥稅粮詞訟視
他爲劇竟未嘗 允公下車官事之廢閣思所以理之簿牒之
堆案思所以決之未幾政成吏民稱神明時觀察使朴熚昏朝
賊臣也當官虐民剝膚椎髓誅殺人命如視草芥一日以無安
之事罪七歲兒將置之於死律公聞之不忍見爲之救生其他
罪囚之可以寬恕者則雖或構誣之深公必有所下論而解釋
以此當刑者賴公之力言以之伸寃枉而脫罪網者有之至若
彼之觸犯則不暇念及而其所銜嫌不已佐幕之僚爲公危之

果於匪久竟爲所構乃以壬戌八月罷歸癸亥春 仁廟改玉
國事維新朝廷方講裕儲之策別設分曹而難其郎佐領相李
元翼 啓曰前庶尹某諳悉鍊達才周不滯到處有聲績而職
在卑列名末 上聞惟此人可以當之廊廟諸議和附一詞郎
拜正郎公自以前任平壤解由未及考准引法辭之八月復起
公爲本曹正郎亦以判相金藎國之所薦引也公之出入於此
曹者凡三矣冬十月以疾乞遞堂上惜之三旬過後猶不許勸
諭善調戒遣羙負持公事往問于家其見重亦過於人因病曠
職日久不得已乃免甲子春以調攝之安靜退休于驪州之別
墅不幸斯疾漸至沉痼醫治不效將屬纊精神如常命袪褻服

易鋪新簀正枕端臥而逝是年八月初四日也享年五十七以
其年十一月二十八日戊申永窆于砥平縣西十里龍門山下
參贊公墓側坐癸向丁之原嗚呼痛哉公姿性明達儀容端雅
才敏量寬不妄言笑臨急無遽色處事必明果是非不撓不避
小嫌參贊公嘗語諸子曰吾於凡事必問於汝兄汝曹之當官
莅任非汝兄無可與論事者事親誠孝專務慰悅如遇色憂則
衣不解紐迎醫嘗藥滋久不懈乙未參贊公被竄閔母勞瘁成
疾一朝氣絶公血指以進得甦聞者咸稱其孝公嘗謂人子尤
當盡情於送終之禮而壽器爲大及其親年之喜懼傾財營求
預得美材參贊公之喪凡百諸具莫不精理先夫人哭謂左右

曰吾兩人福祿旣極幹蠱之美又如此死無所憾及遭外艱表
祭諸需一如前喪皆取公平日所辦也先壠兆宅已盡公爲卜
新山陟降山阿露處而經夜者三日時當寒節兩足皴裂而猶
不自苦尤謹於齋祭每於遠諱之辰前七日蔬食齋潔克盡誠
敬情禮之備至哭泣之盡哀老而彌篤雖於朔望祭謁之儀力
疾躬行且於墓下措成庫家凡器用之具饌需之供無不措處
以備四時節需而皆有定制家居必以一年祭需之用豫備珍
藏無使窘乏每言曰奉先之道主敬而已若不預備諸需何以
致其精而愜於心乎其在箕城府人歎曰莅此之官孰不輸誠
於先祀躬親享需必致豐潔於公始見公之聘爲金府君早世

聘姑延安李氏寡居無他子女只依於公〻克盡老〻之義不失供奉之方李氏常感激每見親黨稱道亹〻居家有律極其和樂訓教諸子嚴而有栗友于兄弟特出人右待人以信不置畦畛撫貧恤孤各盡其情當官詳諦臨事不惰歷轉三曹必著顯蹟臨莅五城亦有後思參貰公喪櫬之過楊根也合郡優致賻儀多出人丁護而送之及公之喪也亦如之盖公嘗莅是邑恩信浹人致令民俗沒世不忘有如是者以長男録昭武原從之勳追　贈承政院左承旨配淑夫人慶州金氏忠義衛懿之女吏曹參議李彦愰之外孫也性度淑慎閨儀柔嘉年十九歸于公宜其家室事舅姑盡孝養之道訓子弟有導迪之儀奉先

誠敬而家化以行處事精詳而婦道克正以公 贈職之故例
封淑夫人後公十四年而卒祔葬于公之墓左有一女三男女
適戶曹佐郎權審中無後男長昌遠義禁府都事娶慶州府尹
閔機女無后以公遺命取昌運子尚閔為後前龍仁縣令仲昌
立成均館典籍娶弘文館校理朴曾賢女無后季昌運初娶晋
州牧使李永式女生一男曰尚閔再娶士人趙曙女生二女長
適武臣兼宣 傳官李相軒次適全羅兵使權道經庶男曰昌
時龍仁初娶士人韓仁浹女生一男曰世周再娶士人李東鎮
女生一女適許鋼庶男曰翰周萬戶次學周女適金志遠次適
李簠萬戶次適成廸夏宣 傳生一男一女男曰欽疇女適尹

永勳兵使生二女長適李宜瑋進士次適李萬齡承文正字世
周娶府使李德夏女生二男一女男長錫餘幼

都事公墓碣陰記

睡村 李 畬撰

公諱昌遠字德甫系出善山府海平縣在麗朝諱君正事高宗
元宗官峻金紫光祿大夫守司空尚書左僕射判工部事諱萬
庇己巳一等功臣奉翊大夫副密直司事上護軍諱碩忠勤節
義同德贊化保定功臣壁上三韓三重大匡都僉議右政丞判
典理司事海平府院君謚英毅公宣授上國上將軍高麗都元
帥諱之賢爲政堂文學諱邦晏亦爲政堂文學諱思修始仕
本朝官至嘉善大夫僉知議政府事寶文閣提學諱處誠通政

大夫水原府使　贈兵曹判書諱洒通訓大夫司憲府掌令
贈議政府左贊成諱萱朝奉大夫軍器寺僉正　贈議政府領
議政諱殷衡嘉善大夫吏曹參判　贈議政府左贊成是公高
王考也曾王考諱弘彥通訓大夫司憲府監察　贈議政府領
議政王考諱承吉資憲大夫議政府左參贊　贈議政府領議
政號南岳考諱璉通訓大夫平壤府庶尹　贈承政院左承旨
妣淑夫人慶州金氏忠義衛懿之女吏曹參議李彥憬之外孫
也公以萬曆辛卯十一月十五日生資稟純粹晃量早諳志學
之行已不覺甚衍成而業修丁未婚乙卯司馬與成均館典籍
贈承旨諱昌立聯璧令聞益彰天啓壬戌除義禁府都事癸

亥陞敘拜漢城府參軍甲子适亂扈 駕公州還未久丁内憂
丙寅服闋丁卯老土之變以前銜扈 駕江都還又拜義禁府
都事無何以事遞崇禎戊辰參韓李仁居逆獄功入昭武原從
功臣錄己巳以後從慈闈寓驪湖戲綵養志庚午冬侍疾幾屬
纊公血指以進乃甦聞者異之癸酉復敘爲内資寺奉事甲戌
因事遞丁丑丁外憂己卯服闋自是無意宦遊惟以溪山自娛
庚寅二月疾患沈綿夏四月二十一。終于黃驪沙川別墅享日
年六十同年十二月日葬于砥平先壠側辛坐乙向之原公以
溫柔之性持雅潔之操喜怒未嘗急遽言語未嘗麁誕在庭闈
也盡誠孝之道友兄弟常有和順之意當官亦得其職接人也皆

稱其恭及其永感孤露僻居鄉村不汲汲於富貴不戚戚於貧
賤安分靜居以自此遠人始知公之素養不凡以嘗參原從功
臣之勳　贈承政院左承旨追後　贈秩之嘉善以胤子保社
原從功推　恩也配驪興閔氏慶州府尹　贈領議政諱機之
女也禀賦淑慎性度柔嘉年十六歸公宜家事舅姑以孝待妯
娌以禮治産精詳貧而無匱乏之物奉先誠敬祭必有預備之
需凡所營為無不協宜一自兵燹之後瓶儲屢傾而公不知也
以公　贈職之故例封淑夫人後公二十一年而逝卽庚戌七
月二十三日也享年七十九以胤子原從推　恩贈貞夫人嗚
呼公之宅兆處有水患改卜于楊州舊治九郎洞乾坐巽向之

原以庚戌十一月初六日先輕後重同槨而窆郎公之六代祖
掌令公之夫人仁川李氏墓側而東南距數里許亦有厥中墓
也有一男曰尚閔前龍仁縣令本公之從子而以先公遺命子
之庶出曰再閔龍仁初娶士人韓仁浹女生一男曰世周再娶
士人李東鎭女生一女適許鋼庶出二男三女男曰翰周萬户
次學周女適金志遠次適李蘆萬户次適成壆夏世周娶府使
李德夏女生二男一女曰錘曰鉉女幼翰周娶同知權順昌庶
女生四男曰鋋曰鍇餘幼學周娶參奉鄭緒女生一女幼再閔
娶府使朴選庶女生三男一女男曰文周餘幼

通德郞公墓碣陰記　　睡村 李畬撰

公諱昌運字叔亨善山屬縣海平人也在麗朝有諱君正守司
空尚書僕射爲尹望族先也歷累公累卿五世諱思修始仕我
朝參知議政府事諱處誠水原府使諱沔司憲府掌令諱萓
軍資寺僉正諱殷弼吏曹參判　贈左賛成郞公之高王考也
曾王考諱弘彦司憲府監察　贈領議政王考諱承吉議政府
左參賛　贈領議政號南岳考諱譓平壤府庶尹　贈左承旨
妣淑夫人慶州金氏忠義衛懿之女也公以萬曆辛丑四月初
三日生自孩提兒量早詣及長文藝之勝成就之漸非人人所
及氏所期待於公者豈其淺淺先君子無以大進稱之甲子丁
內艱公以弱冠當喪事昆仲盡友愛之道奉偏慈竭誠孝之節

服闋益加勉學騁步之展鵬程之通知有前期不幸中間遺疾
積年醫治丁丑遭外艱沉痾未支之中過哀添症鍼石蔑效是
年冬十一月二十六日終于驪湖別墅廬次享年三十七嗚呼
公以醇粹之姿持端潔之操奉先思孝處身持敬發言行事必
由其道待人接物不乖其方以此人知公之素養可以有為胡
云一朝奄忽止斯才大而無成壽嗇而不暇耶嗚呼痛哉初配
全州李氏晋州牧使諱永式之女先公九年而沒卽戊辰三月
二十五日也是年五月葬于驪州南三十里占梁面沙谷艮坐
坤向之原卽公之外家金氏之先壠枝麓也及公之喪也同壙
而窆之壬子春移葬于本山都局內南趾一里許申麓戌坐辰向

之原與李氏同鄕而窆爲避前山水湿之患也生一男曰尚閔
前龍仁縣令以先君子命繼伯父後爲宗嗣也再配白川趙氏
士人諱憬之女生二女長適武臣兼宣 傳官李相軒次適全
羅兵使權道經宣傳生一男一女男曰敘疇女適尹永勳兵使
生二女長適李宜璋進士次適李萬齡司錄

縣令公行狀　　　　　　　　敬菴　李行泰撰

公姓尹諱尚閔字孝源系出善山之海平縣在麗朝有諱君正
佐元宗位司空尚書左僕射自是大官煒燁至諱思修始仕
本朝叅知議政府事後四世有諱殷弼吏曹叅判 中廟北門
之禍陳劃力爭語在臺籍是爲公五代祖也高祖諱弘彥司憲

府監察 贈領議政曾祖諱承吉左參贊 贈領議政謚肅簡
孫南岳祖諱璉平壤府庶尹 贈承政院左承旨考諱昌遠義
禁府都事 贈戶曹參判妣 贈貞夫人驪興閔氏慶州府尹
贈領議政諱機之女本生考諱昌運通德郎本生妣全州李氏
晋州牧使諱永式之女繼妣白川趙氏學生諱惵之女庶尹公
以宗祀無托命公為伯父嗣公生於天啓壬戌十二月三日戊
辰丁本生内艱丙子冬遭南漢下城之會避地卓異山中患重
痘累危亦無藥餌之救幸而回穌人皆以為天也丁丑丁本生
外艱幼而岐嶷長益夙聰年甫弱冠有幹蠱克家之言庚寅丁
外艱奉二慈盡其孝累十年如一日庚戌丁内艱前後喪制一

出於誠勇氏閔公光勳內弟閔公昌重維重感其行義終身敬服焉甲寅秋筮仕爲四山監役職掌南道內多戚畹外巷名界分禁之令廢而不擧乃奮然繩糾罔或饒貸終公之在官人無敢犯科丁巳春秩滿當遷而故事京兆廳最之坐監役於郎官進揖而已後有拜跪禮久成謬例公倡先揖不拜同僚從之判尹李正英置公下考公欲解免而爲公議所挽黽勉供仕始以戊午正月移司畜別提閔相國歷觀政目惜其大家冑孫注擬失當六月將掌執見罷庚申春復南部主簿八月拜沘安縣監南中素多聞公之風者咸以爲沘民有福及公莅官閱二考吏戢民安頌聲溢於境外方伯至以省內疑訟盡付公公下輒得

當無不服其平允後來方伯李秀彥失於沈湎無故厥罷退聞
南民之去思介于人推謝壬戌秋復軍資主簿去官財八朔也
本監入直官例以用餘米自奉公獨使私從供饋曰既已受廩
於家義不可更責官廚提擧鄭相知和聞而賞歎請抬之日厥
中亦稱公執法不撓也癸亥四月外除龍仁縣令趙大司成持
謙與公素昧聞而喜曰今而後知龍仁之得其倅果然民瘼盡
祛吏猾頓戢措劃孔路難繼之費克點軍額許多之闕及夫南
漢之組練也守禦使呂公聖齊感稱戎器之精繕方伯委決大
訟亦視此安也甲子春公以年踰耳順不宜處劇決意投紱五
星乃遞再典縣邑而解歸之日蕭然無橐中餘金知公者皆難

之丙寅六月吏判李公敏叙素深器公謂不可以衰暮棄擬除
司憲府監察不得已就仕守法嚴正老吏咸曰故尹尚書遺風
不墜也十二月呂公聖齊適宰天官以公年老秩卑陞宗親府
典簿正五品也凡文書行公悉主之臨事敬慎一遵格例諸宗
室皆致款焉丁卯冬爲覲趙夫人呈告還黃驪之別墅趙夫人
年已喜懼未忍以康彊離側遂乞遞家居惟左右服勤是事已
巳春趙夫人下世公時六十八矣尚能以筋力爲禮吊者感歎
服闋哀疾轉痼以丙子易簀于正寢卽九月二十三日享年七
十五嗚呼公天資醇謹事爲周密不妄言笑不喜浮靡雖在急
遽動作必以安重吉凶榮辱亦盡處變之道奉先極其誠敬享

具盡其豊潔居家嚴整濟以雍睦處世圓曲不失峻正初未嘗
專意舉子業而當官治事率皆根於學問十數年宦途旅進足
不到權貴門性愛山水亦喜觴咏屋前盆池川上行窩恰寓濂
洛之趣當時庠執文士多以詩頌公志也是年十一月七日葬
于驪州治南深通山東麓向午之原初配清州韓氏處士諱仁
浹之女天啓辛酉七月一日生先公四十九年丁亥正月十八
日歿初葬原州賢溪山坐卯原丙寅再移本生考墓側及公喪
又遷祔同壙有一男世周後配驪興李氏學生諱東鎮之女崇
禎戊辰十月二十三日生有一女適許銅進士世周娶府使李
德夏女生二男一女長鋞進士次鉉早歿女適洪景源許銅生

一男三女皆幼側室生二男三女男翰周僉知次學周女適金志遠李簾萬户成遐夏翰周娶同知權順昌女生四男鏡鍇鏞鎬學周娶叅奉鄭縉女生一女適李弘述金志遠生二男二女男夢天女適許錞餘幼李簾生三男一女男世望世綱世章女幼成遐夏生二男二女不佞晩從公胤子㳺嘗過訪于龍門寓所袖示公事行一冊仍要纂次辭之力而不獲謹此敘述如右以俟立言之君子

撰狀之李公全義人以経行薦官主簿

正字公行狀

海左 丁範祖撰

公姓尹氏諱命相字莘叟號一齋本善山府海平縣人也在高麗有諱君正事元宗有平賊功官至金紫光祿大夫司空尚書

左僕射四傳至諱思修仕 本朝嘉善大夫僉知議政府事贇
文閣提學又四傳至諱殷衡號東岡嘉善大夫吏曹僉判當
中廟時北門禍抗言諍事在己卯錄 英宗特 贈議政府領
議政議政之孫諱承吉號南岳資憲大夫議政府左參贊 贈
議政府領議政謚肅簡肅簡生諱璶通訓大夫平壤府庶尹
贈承政院左承旨承旨生諱昌遠通訓大夫義禁府都事 贈
戶曹參判寔爲公五世祖也高祖諱尚閔通訓大夫龍仁縣令
曾祖諱世周通德郎祖諱錙進士考諱澤普妣泗川睦氏參判
叙欽之曾孫佐郎林最之女也 肅廟四十二年丙申十一月
二十一日生公〻兒時重遲不戲若成人甫長力學攻程文二

十九中司馬越九年壬申擢庭試丙科選補承文院正字戊寅八月二十一日卒壽四十有三公性至孝十歲睦夫人捐背哭泣之狀弔者不忍見乙卯遭外艱持喪甚哀毁幾滅性繼母洪夫人既早寡慟疚不欲生常少可意公之所以調將慰安萬方無論事之所至難力之所不任惟母夫人意是順是承乃至擇子孫婚家當否尚親指所在則毋敢異同撫愛弟妹之自夫人出者尤篤至日用百需靡不與共析産則讓與其美腴而自取苦惡弟嬰奇疾積歲餘不淑其藥餌救護之盡誠斂殯喪祭之無憾與夫寬譬孀嫂使得以全保皆恒人之所難能雖其天植至性不待勉强而然亦所以務悦母夫人心也於是親黨鄉

里壹辭稱為孝子而通家子丁牧使戴遠曰知吾丈平生莫我若其孝友之篤踐履之正實近世所無云公日冠帶謁家廟事季父如父有事則必禀奉長姊同爨居二十年姊遘癘躬自視護任其喪葬及養育子女人無間言此孝道之推也公未嘗自居以學問而飭躬制行有繩律巣觀小學書及宋儒性理諸說有體驗攝衣冠危坐竟日子弟侍側者不敢有怠惰之容遇物無廉角然至析是非辨淑慝斷斷不回護與宗族篤厚有過失必規之使改而見善則甚喜一門之內情必攄通雖僕隷下賤威惠並施得其歡心顧拖於時釋褐七年不調而常夷然也遇會心朋友則相與揚扢古今風調飄灑有出塵之想喜施與之

貧交族通有無而晩年家益落貸以糴以自資猶霑及族人之
饑不食者此公性質志行之大槩也配韓山李氏僉判延年之
曽孫學生贊和之女也奉祭祀以誠事舅姑以順婦道純備方
公疾篤日禱籲神祇公卒絶食飮月餘而歿先是長男好謙夭
無嗣夫人臨歿顧穉子在傍而不甚係戀惟屬立宗嗣而已生
先公三年後公三十七日而歿與公合窆于驪州沙谷先墓旁
坐艮原生二男長好謙愛親有至性次用謙以公遺命繼季氏
後好謙娶申晧女夭無嗣取族兄正謙子喆文爲後用謙娶鄭
亮欽女用謙有文行常樂與不佞遊一日持其先大人狀造不
佞而言曰吾先人遺體獨用謙在用謙之所欲藉而表先人事

行者獨執事在失今不圖恐成無窮之恨敢以請不佞業因士友間畧聞公一二今按狀而益知其所不知故謹撰次其大畧如此用備秉筆君子採擇焉

典籍公行狀

海左 丁範祖 撰

不佞嘗歷候雪洲公於沙洞書齋公擐衣端坐議論根據性理問頗事著述否曰有六經諸子無所事乎著述竊倣李退翁陶山雜詠有水石題品詩若干篇而已不佞聳然異之識其為有道君子也公之歿今十年而其胤子正謙甫以公事行來屬為狀謹卒業而益信其為君子也公諱龜相字著卿雪洲其號也尹氏之先出善山府之海平在勝國諱君正有平賊功官至金

紫光祿大夫守司空尚書左僕射判工部事爲始祖而諱萬庇
僉議政丞諱碩璧上三韓三重大匡都僉議右政丞諱之賢政
堂文學諱邦晏進賢館提學至 本朝諱思修知政府事寶文
閣提學四傳而諱殷弼吏曹參判 贈左贊成當 中廟己卯
禍疏救趙靜庵光祖歷諱弘彦司憲府監察 贈領議政諱承
吉左參贊 贈領議政謚肅簡公諱璛平壤府庶尹 贈左承
旨諱昌遠義禁府都事 贈左承旨諱尚閔通訓大夫龍仁縣
令寔爲公高祖曾祖諱世周祖諱鉉考諱澤休文科壯元通政
大夫僉知中樞府事妣淑夫人順興安氏進士憲國女 肅廟
己丑三月十六日生公事親至孝母夫人疾革血指進持喪幾

不勝奉先盡誠敬祭必躬執薦至老不廢致祭需務潔腆有三
弟一妹早歿撫視孤寡出至誠家育甥女以時嫁資奩具視己
女加厚家在鄉而常貫漢府籍家人以有妨食糴請移籍而不
肯聽及　英廟升遐雇人赴因山役泣語子弟曰吾於　國家
無涓埃報欲隨都民效負土之役畢不移籍蓋為此也當大喪
初三日水飯五日素饌其後盤置內則不使去而亦不食訖五
朔乃已此倫理篤厚本之彝性者也公年三十一己未擢　謁
聖科命官徐相命均見公製大加激賞擬置之魁副疑其有私
而抑置第二選芸館以有外黨累也入堂后即遞後十年例陞
六品付副司果甲午拜成均館典籍亡何告由還鄉不復就職

親黨或勸使求仕則曰吾非不願仕顧不能與俗俯仰耳子弟欲轉囑時宰求遷郎署則怒曰吾豈緣甬輩求官者耶積四十餘年未嘗一入都下家契窮空晩年衣食菲薄不可堪而無幾微色宅傍饒岩潭之勝日歌咏其中脩然有出塵想此操便貞介出之素養者也雖嘗治程文應擧而有向上之志少從畏菴李公拭星湖李公瀷聞爲學大方訓子弟以孝悌敦睦爲先常曰治心不主敬則致知著不得其在暗室深夜整冠栝危坐若泥塑人恒誦周易乾坤卦論語鄕黨篇及先儒箴銘諸什數遍遇物和易人有善必詡譽不善則有不豫色而未嘗向人說深嫉黨比習甲乙是非未嘗掛齒牙平生無嗜好未嘗畜圖書種

花卉鳥物累閉戶竟日簾几蕭寒時率意作古文詩律高雅有
法亦不肯蓄稿此言行純美資之學問者也。教良為善者無幾
而公力行心得具此衆善稱之曰君子非獨不愧一人之言實
州里之所共誦也雖然脩之身將以見諸事施諸用而有閼之
使不遂者其於時與勢何哉後之考世而論公者必有慨然而
太息者矣公以癸卯九月七日卒壽七十有五卒之前一日拜
先廟登眺舊遊林壑夜就寢默誦經訓夷然而逝葬沙洞坐酉
原從先兆也配淑人完山崔氏瑞雲女也先公十三年而卒有
二男一女男正謙娶鄭埰女再娶金世綸女儀謙娶李炫女后
公弟三弟正淳公女適洪樂定正謙男喆健喆順喆文女趙錫

祚李治綱儀謙無子子喆順女任善元餘不錄不佞既雅慕公
今於正謙甫之請有不敢辭謹敘次其事行大畧用備秉筆者
採擇焉

晩趣堂公遺事

後孫 必永謹志

公諱世周字文述禀性孝慈篤於奉 先勤於裕後自 東岡
公以下屢世墳山不遑衛墓處竭誠聚財具牲石置田民曾外
王考妣金忠義衛府君無嗣替奉之墓亦竪碑碣皆命長胤進
士鎰書之鄕廬本在驪州治南占梁面內沙谷金府君舊庄
祖曾兩世考終之地介在山谷甚是隘窄乃移占於越一岡數
里大沙谷地本農户之不滿十家未破荒處也買得而拓基開
庄先立 家廟丹雘極侈且第居室務甚堅緻不求華麗堂扁
晩趣其制作之節倘載於後孫濟奎記堂之文村之東西南設
里門又於西麓臨流阧高處作一小茅亭有時登眺縣一鼓每

當農節擊以爲早出耕耨之令三鼓不出者從以論罰由是村丁皆勤於農川流橫帶沿以種植春夏蔭翳濃陰可愛堂之四顧山林沮澤有主者買之無主則立官案以爲一村漁樵之地因以成聚便作百戶之大村世稱以黃驪三大地後孫十世傳守無異范文公之義庄張泰山之同居也公清儉自守不求聞達庚申以後因以廢擧晚年薦授監役仍不就遺戒曰我有郎階以此書銜足矣官銜因不傳記

六代孫 濟奎謹志

六代祖考學生公遺事

公諱鉉字公擧以 顯宗庚戌五月十九日生甲子迎延安李氏爲配正郎諱河之女也謹按 肅廟己巳四月公從儒生許曤等二百五十人陳疏請復 坤聖位號竟未得登徹時公年甫弱冠也故不欲現顯持論

而其實公及鳳溪李公震瑗力主之許公號靜谷觀雪先生之孫也厥後
惟兒輩鴟張日甚士氣由是沸鬱絃誦無聲者四年矣逮夫壬申臘月
公獨奮然伏 闇未幾日掌議閔彥良使館隷迫逐狼藉公遂憂憤成
疾越癸酉正月九日卒疏本軼於家火今無傳惜乎以若苦心血誠未及見
甲戌之 天日復明年壽蘄當止於二十四歲者理固難諶矣公姿性耿介
學業夙就且以筆翰名而未究厥施愈久愈泯嗚呼痛哉幸有二孤克繼
姓孫寔繁文龢名檢世濟其美者顧非不食之報邪以公奉 本生曾祖祀甫
典簿公遺命也夫人生于戊申正月七日歿于丁未六月八日與公同壙郎
楊州古州内九郎洞先塋左麓子坐之原也

僉樞府君年譜

公諱澤休字美仲 肅宗三十八年丁卯七月十八日生 癸酉公年七歲
丁府君憂 辛巳公年十五歲 迎夫人順興安氏 丁未公年四十一歲 丁大夫
人憂 乙卯公四月九歲 八月中式年文科殿試甲科第一人郎拜宣務郎成均
典籍 九月唱名拜禮曹佐郎 十二月陞宣教郎以本職兼春秋館記事官
丙辰六月陞奉訓郎成均館直講 王世子冊禮時以執事加賞 九月陞奉直郎禮曹
正郎 同月兼春秋館記注官 十月拜兵曹正郎 十二月拜江春道都事
兼春秋館記注官 丁巳二月掌江春道式年鄕試初試 六月陞通善郎
外臺別加 壬戌十二月陞通德郎拜兵曹佐郎同日政移拜正郎 癸亥正月
陞朝奉大夫 八月陞朝散大夫拜通禮院相禮 十二月除保寧縣監 甲
子五月陞奉正大夫 外任別加 丁卯陞通訓大夫拜通禮院左通禮 官敎遺失未詳月日

九月拜幽谷道兼察訪 丙子正月陞通政大夫 年七十加 上尊 時推 恩陞資 二月拜折衝將
軍僉知中樞府事 四月二十八日卒 夫人先以己未十月三日歿葬于 考妣墓左麓壬坐原至是與公同壙

曾祖考六松齋府君遺事

公諱正謙字大之六松齋其號也以 英宗辛亥十月十一日生于京城明哲
坊南小洞第自幼小端嚴寡默雖姆媪之老者不敢以戲語試之稍知學已
以窮理爲主非經傳不之研究年纔舞勺有成人儀當 莊獻世子入學之初載
屢被宣召春注日隆 英考嘗命 世子率童蒙入侍仍 下教曰此輩皆汝後
日棟樑也豈可無賞乎表意乎 世子郎承命多置紙筆墨于前特指示公曰
汝年稍長可能均分也公遂舉行甚稱旨 世子喜密諭公曰前日程文專尚
騈儷汝其着力也自是以日課月以月課歲歲積二紀而同塾莫之知也突

弁後每致 存問于春桂坊官僚公益感激思欲報效而未奈時命未及之夫
鶴馭之上賓郎詣廞班而爲衛士所沮遏輒日再痛哭于私次因封後已仍郎
撤寓于驪州治南三十里沙谷鄉廬不復入城闉遇忌辰必食素三日與士
友語之到某年及典禮事則輒涕泗迸流言者每悔其提及也 正宗戊申 顯
隆園之移奉也跋涉迎候于肆覲坪伏哭輴路匑血淚沾壤舁士爲之嗚咽 純
廟丁丑 慈宮之祔奉也年已及耄不可以筋力爲禮遂令健僕賫錢十百注役
于 園所都監堂郎每點援役錢輒剩一夫問知爲某家之丁而或有稱賞
賫酒者也蓋自三十二歲後永謝場屋惟以怡愉二親撫育弟妹爲分內事
先是戊辰僉樞府君在嶠南任所公常不離侍側適因事暫歸之纔一宿
忽心動還發行未半路官隷持患報來矣郎星夜趨省則以時令吾

危欲藥餌調護百爾殫竭而皆無應效竟有神翁夢授一方賴而痊安邑里之以其劑療驗全活者千百計至今播在人口亦有南士之劄記也辛卯丁外艱癸卯先公捐背而養生喪死無憾六箇字足以無負於聖訓若其泣血三年苫塊不乾者吾祖考之所嘗陳述而老婢僕亦能歷歷銘劇也季父正字公早世無子公自終祥侍奠于墓傍爲念斂樞府君之夜懷也厥後終養季母視事親無差而季母性度甚刻家衆不能自安公常慰譬則輒恬如也季氏公又早夭而孀嫂同居至老無間言一妹氏甚窶平生衣食畢與之共其二女婚嫁公皆主之而資粧無異己出晩而家勢剝落類多凡人之難堪然終日對冊不以戚戚至於奉先之節務從豐潔而亦有常度居常端坐儼是泥塑人而若值理義剖劈處則如破竹迎刃然尤嫺於四禮踵門問資者殆無虛日也祖曾墳墓

在於楊州程路可二百里而歲輒一再往省焉及公晩年送第二女適于漢陰之夢烏
亭津夫郎其家奴也迎拜公于船頭歸語其妻曰此公往當歲一再渡從此小娘〻可於每
年春秋不苦而覲親以公之儀度秀嚴特異於人故下此輩之稱識能爾也小子幸得
逮事公耄期之時而神識超然絶無衰謝意每晨輒衣服冠而坐同堂之弟侄諸公
以次進前具述昨日所業如楓南公之少公九年而日輒候問非大病則不廢子孫若婦之省定
視膳外繞膝誠愛不下於老萊弄雛而其嚴畏處古之小朝廷始可比擬而有裕也常可
大學書撰續不勸有時朗誦一過傍聽足以興起嘗詔小子曰安行〻義文字著有修
齊疾書治平要義若干編總卒業而回祿于乙卯家火始知述作之非吾輩事故少日吟
詠之畧所編輯者亦已遇遯耳又曰吾家〻法多倣星湖老師而可山吾畏友也雙石
三蔡又其比也星湖郎李公瀷而先公之所師可山郎星湖之孫進士九煥而雙

右郎鄭公亮欽前夫人從兄而三蔡郎公之外弟崔都事鴻晋敎公皆以學行鳴世者
也嘗聞海左丁公範祖五沙李公㬎運皆許以一國之善士至曰文言之餘慶將於
其家見之矣果克享大耋吾祖考兄弟得設慶壽筵於二親在世時如小子之
蒙騃而廁奉觴之列於乎感矣又嘗聞五歲時與小婢出遊迷歸小婢啼號
于路公止之曰少立通衢則自有道理俄而家奴過見得與扶携而歸弱冠後讀書
于壯義門外少林寺有一人深夜投宿朝視之遺金一片在傍公自裹束備置試問所
失者何物則其人對以丹碧閱其裝以證之中又有漆箋幾張公謂寺僧曰不有
隣刹之繕修法宇佛像鍍金者乎蓋知漆箋之爲打成金箔具也其人始自
服曰夜果胠篋于彌陀庵而城門閉不得出去今若現捉於本主則吾其兒
眷矣乞賜救命焉公即點檢付還而宥送其人飭令改過老年嘗檢複于屋

後山谷間猝見乳虎攔入場圃衆皆緣木而避之厶獨危坐舒捲便面畧不動色俄果低尾而去歲戊寅乃公八十八春秋而元朝一門咸在公曰若輩知吾六松自號之義乎往在己未沴氣西來遘者無幸吾時染祟自分以不起忽夢六松生庭而疾漸甦松之破字今年正其符應也歲月之制早宜整備矣至歲九秋而體尚康月之七日郎公袁餘也躬親將事尤致恪勤日晚卒小子拜墓口告曰謹與曾孫某來省還過潭上因與少憩曰此吾釣遊處也歸又辟咡曰步履安詳非我頹唐也自厥晡微眚作淹二旬餘不甚沈篤而內外親眷晝夜服侍一夕自執匙箸命皆賜饜綴食曰今吾病少間各自將息間雞更會可也果以當夜之丑時易簀于正寢乃同月三十日乙丑也是年十一月十五日葬于宅旁數里內沙谷庚坐從前夫人兆後七年甲申秋移窆于越西二林麓先考

妣墓側坐乾之原以前後配左右祔嗚呼痛哉公之稟受也文學也蔚然爲宗黨
之矜式儕友之期待而經綸處老叢穴之間範型不出閭閻之外名位祿壽足得其
一宜乎知者之有感於公而小子之述特亦大槩也云爾

學生公好謙配孺人平山申氏遺事

孺人汾涯判書㝡之曾孫 贈持平皓之女也于歸未幾時當夏炎郎丁
入內場打麥者未授夏衣以其內近不敢袒裼悶其流汗困惱郎取單衾裁製
衫袴幾件自門隙投給婢僕輩惶感敬憚年纔二十餘慟遭崩城其翌歲秋
兩月之間尊舅姑相繼卒逝內外設靈筵每早省拜王姑寢入廬次々第
朝哭仍進上食幾近於午夕亦如之其哭泣饋奠之節強壯男子亦難不
以爲艱而行之及其喪也眼睛如常不能視物蓋祟於早年哭淚之所傷也

夫弟生纔五歲而失怙恃撫養如慈母及其成立文行名世取其夫家三從侄

喆文寬改文而子之壯年升庠非特內政之得宜可知教子之有方家業中替重治

內外得以復興其蘋蘩之燥潔籩豆之靜嘉不言而可知宗黨敬欽婢僕嚴憚

雖大人君子之齊家何以過此哉及其晬甲丁判書範祖鄭司諫元善李校理重

蓮諸公皆以詩序賡賛而賀之

學生恩榮配孺人原州元氏遺事

孺人秋谷先生之後高祿之女也生於乙酉及嫁年甲辰來歸於公其後己酉

辛亥連乳二子隨尊舅移寓於東閭賴眉之僻陋越四年甲寅六月君子

卒逝上奉居鰥尊舅下有襁褓乳稚慘忍情景令人堪涕孺人外雖不

甚哀毁全廢食飲柴瘠骨立見甚殆岌尊公知之勸於寬慰繼以强勸雖

違親命畧加咹啜從以暗出吐哇不使穀精留中然而豈可支保乎後公五
十一日別無他祟因以隕絶嗚呼孺人之意不暇念及於奉老舅撫乳孤期於
下殉後已皐復未襲之際尊公啓衾視之眼不閉口不合血液從口流出泡
凝如鉢大以綿洗滌撫以痛哭曰汝胡忍斯汝胡忍斯必以老舅幼兒之無所
依賴不忍瞑目然我不全良尚可以養二稚成長須勿以此爲恨俄甬眼閉
口合經日殮襲顔色體膚不變甚改時親知之居齋諸公聞而來慰將
欲發論學齋 啓請棹楔止之曰吾家先世夫人之殉義固多而曾不
以旌表爲意今雖賴衆論蒙 恩典懸於斗室之華門吾可傴僂以出
入其下乎諸公遂傳其論必皆偉之

世乘

題世乘卷首

余未嘗一日不著書亦未嘗一日或著書何者卧起行止經心造意無非是長短奇正之好材料也一一摭取一一擣成則宜若連閣複室紙價翔貴而竟又思之書之不必著不可著固自古至今矣詩之杜陸文之韓歐本非萬不得已之事則限平生不下一筆實無毫損於人與己而惟有國之興廢理亂不容不詔示來許故所以十七史之在可必傳然亦何可以纖稊之巧拙計也如左傳之必讀綱目之尊閣不敢不日學者之正見而陳范纂輯與邂覃首末之亦所

竝存者其爲史筆則一也設使余眞有經緯之學金石之文其如六十老學究之做史官不得何狀碩將以不揣本分之少曰若下藁安擬遇遯者此也弗念國乘外抑又有史家體裁之萬難磨滅者自自序敘傳至于末之墓表家狀是已夫彼一天下芸芸萬族雖其得姓之久近顯晦容有不同然各自一家而視之則同源異流固當沿溯之明白至如一言一事之可傳可述者亦在所張皇闡縷之義不憚煩耳吾尹氏族之始顯於勝國中葉而若其上世之不少槪見諉諸江黃之至微杞宋之無徵則是亦幾於臆對總

之譜牒之作不早而晩踈漏久般遠有愧於三韓古家也是知譜亦有史義而吾譜之三變而稍詳者可見時世之愈降而謀慮之漸長然活字拓本之間百年一再成者亦難遍及於偏支諸家則無怪窮源之鮮有其人矣又況譜牒之不暇收錄者家藏散軼姓石刊缺甚至國史有難歷攷野乘本自轉訛則以余之夙承庭訓稍免墻面者猶不可口授心傳耄聵又將遽及此吾世乘之趣今裒成也云爾

聖上卽祚之七年己巳仲春下浣後孫濟奎謹識

凡例

一世譜謹依庚戌刊本而配位生忌攷諸家牒尤致詳備

一八高祖圖出於嶠源之義而只及　本朝猶有書契以前之歎矣每圖上輒書以四世源流

一先世墓所標識非不纖悉而書之不盡留竢移畵

一史攷若干掇拾於麗史與輿地勝覽而至我　朝則野乘外無可攷訂其亦見聞甚謏不暇收載

一墓表家狀謹依世次收輯而旁祖傍親文字並亦附載于輩行下

一遺事謹此裒錄家庭間平昔見聞留俟立言之君
子而一言溢美便非佳子孫
一遺稿姑此裒成一套而留俟吾家後屬之一依靈
申軆李世纂刊傳

海平尹氏世譜

輿地勝覽海平縣屬善山府一名波澄在府東三十三里本新羅竝兮縣高麗初改海平郡屬福州今安東府仁宗二十一年來屬

尹莘俊 高麗仁宗朝門下侍中○按丁時述東國諸姓譜趙從耘氏族源流及文獻備考氏族考皆以高麗侍中莘俊為尹氏始祖而高峯大升撰海澄府院君碣文初本有尹氏本出善山之海平有侍中莘俊顯於高麗其後世多有大官曰君正之文而正本自有侍中至後世十二字刪去且位至侍中云而麗史無著見焉家牒與史傳俱無可憑信者然諸家譜錄如是謹書于卷首以俟後考

始祖尹君正 歷事高宗元宗金紫光祿大夫守司空尚書左僕射判工部事○源流判選部事○庚申譜曰自侍中公至司空公世次未詳云然考以年代仁宗至高宗為四世且仁宗元年癸

卯距高宗元年甲戌爲九十二年以三十年
一世推之則昭穆世次要不過三四世矣

配 慶州李氏父寺丞世基○乙未譜據清韓譜所載
云而今按慶李譜檢校政丞文僖公世基女婿亦
載以尹某然文僖公登第於忠烈王己卯在公守
司空後六年則世代相懸且官啣相左不宜遽以
爲然旣無家牒明證故依舊
譜謹書姑存是說以俟博攷

子
女 全世柱天安人左僕射天城君文靖公父左政
丞忠肅公忠佑子全仁亮
閤門祗候天陽君武節公

二世 萬庇

奉翊大夫副知密直司事上護
軍事忠烈王己巳策一等功臣

配 清州韓氏父中郞將球祖禮賓卿光胤曾祖神虎
衛上將軍希愈○按譜彙前配南陽洪氏父義元
育一女後配韓氏育一男一女云而洪氏本
譜初無義元不敢遽載姑此傳疑以俟博考

子
女 李茂 女彦陽金用綏副令○按乙庚兩譜皆以

爲丹山府院君丹陽李茂而丹陽李茂生於恭愍
乙未歿于我 太宗己丑年代懸絶回其姓名之
相混以致錯誤也今依丙譜只錄一女
女李挻后室陽城人僉議評理陽城君父判密直
英桂子李守全陽城君李守景
摠訓李守仁判事李守林郡事

三世

碩 忠勤節義同德贊化保定功臣壁上三韓
三重大匡都僉議司右政丞判典理司事
海平府院君元朝宣授鎭國上將軍高麗都元帥
忠穆王戊子五月十八日癸丑卒謚英毅麗史有
傳開城五冠山靈通寺有遺像傳至我朝後經
兵燹失傳墓善山海平縣名溪山金山洞西麓子
坐 隆慶壬申外裔任說爲本道伯時撰記竪碑
後有吉姓人奪墓破碑築室其下後孫之在海平
者得碑於山下 肅宗戊子諸孫始訟下庚寅
十四世孫澤爲金山郡守尋塋域築壇竪碑○公
嘗居海平縣村之西南居民每患江波不得安居
公手植樹木沿江數十里蔚然成林始免其災號
曰尹公德藪載在邑誌庚寅後八十七年丙辰十
六世孫文東宰本府訪德藪之起墾者隨河移岸

復植木數萬株防其橫決以其土屬之戶長建祭
廳置祭器修祭儀成節目倣鄉先生祭社之義俾
供歲一之享
配星州李氏父密直副使百年祖安逸戶長追封都
僉議左政丞興安府院君長庚曾
祖安逸戶長得禧外祖宰臣宋和

子
○子之彪端誠翊衛功臣重大匡門下評理海平君
入耆社諡忠簡娶贊成平壤趙延壽女子寶大護
軍子珍大提學文平公
女韓仲禮清州人政堂文學繼城君父右政丞上
黨府院君思肅公渥亢胥
女李後傑(本譜侯傑)全義人主簿父僉議評理大提學
文義公彥沖子李陽生
女閔恒驪興人宰臣

四世

之賢匡靖大夫政堂文學進賢館大提學知
春秋館事上護軍諡文英○諸姓源流
兩譜並云寶
文閣大提學

配姓氏失傳
子 子邦霖
子守貞上護軍子堪郡事
女守貞宅主選上元朝无青〇甥妹名字與爵號
相同無乃本無守貞而曰宅主之號誤以子名疊
錄耶然則上護軍是邦霖之職堪是邦霖之子而
輾轉錯錄耶事屬久遠不可考姑傳疑以竢博考

五世 邦晏 奉翊大夫同知密直司事進賢館提學
兼典儀寺事上護軍辛禑己未九月卒
配載寧康氏父僉議政丞載寧府院君安靖公得龍
祖三司右使瑄曾祖府使世外祖延安君李儼
子思永漢城府尹藝文館提學娶留後礪山宋齊
岱女子彌大僉正登安縣監登良司正登峻縣監
登崇司正女綾城具揚牧使柳闓門使李繼善鹹
子 女廉弘瑞原人
女廉致肅瑞原人父大提學國寶子廉恂廉僧

六世 思修 洪武癸亥辛禑九年以進士登同進士
及第嘉善大夫參知議政府事入本

朝吏曹參判
配礪山宋氏父同知謙祖贇成子詳曾祖判書琰龍
繼配竹山朴氏父判尹竹城君永忠祖起居郎贈
竹山君文琟曾祖政堂文學慶源君文康公遠外
祖判事豐川任德壽
子
子處信通政南原府使娶監正水原崔傑女子濟
直長汀縣監女洪致敬坡平尹惠持平
。子處恭軍器監少尹景泰癸酉十月十日與領
相皇甫仁左相金宗瑞同死與同死諸公並招
魂供祭于公州雞龍山東鶴寺正宗辛亥移享
于寧越朝士壇娶監司興海裵桓女子涇渭濁濯一作
湜介同孝同癸酉禍兄弟並被收司同死招魂鶴
寺並享別壇莊陵丁字閣前並設壇壝祀享
子處敬平壤府庶尹娶文府使全義李作女子可
宣倉丞女靈山辛潤祖僉洪受謙別侍平壤趙
季宗郡守原州元孝然文判書原城君文靖公
女李恭全全義人判事贈知中樞父都節制使
承幹子李樺通政處置使
女尹彪坡平人殿直父郎事之他子尹師南女綾

城具信忠參議茂松尹子瀿牧使 全州崔灝元縿
女張愼正別侍子張孟紀張孟經
女朴子楨女朴如圭
女李伯民子李曇忠義衛李暹

七世 處誠 通政大夫水原都護府使 贈兵曹判
書墓長湍津北松山里卯坐有表石

配 贈貞夫人密陽朴氏墓雙封各表父判寺事忱
祖判書思敬曾祖文佐郞文有外祖咸從郭
子濱通政淸州牧使娶直講韓山李叔福女子瑊
判官琚訓鍊參軍女李鐵拳參奉吳彭壽
子
子馮一作汭少尹
女李晨固城人副正父承旨臺子李嶔司果女東
萊鄭瑀縣監

八世 沔 宣德壬子式年世宗十四年文丙科直拜
集賢殿著作止司憲府掌令兼承文院參
校 贈左贊成墓楊州松山檝谷壬坐有
表石書通訓大夫行瑞山郡守尹蓁之墓

配 贈貞敬夫人仁川李氏墓楊州古州內九郞洞
乾坐以下配位四祖並詳于四世源流圖故不錄

子華一作華訓導娶縣監順天朴文規女无男女
黃瓊鄭興別侍權嗣宗進士
子蓁忠贊衛子嚴源流巖密陽朴譜良孫
子
女趙益磽豐壤人主簿父壹之子趙烱主簿趙焜
司勇趙煥女金均孫李自蕃
女沈胄豐山人上護軍 贈吏參父郡守實子沈
匡弼判官沈匡輔文知事沈匡佐縣監沈匡佑郡
守女慶州李文林習讀白川趙仲瑾護軍

九世 萱字伯英正統甲子生經學薦歷司䆃寺止
軍器寺僉正甲子十一月二十八日卒
贈領議政墓水原禿城山城東細橋里坤坐有表
司藝金末文記陰左議政成世昌撰碑銘並書篆

配 贈貞敬夫人延安金氏忌壬寅十一月十五日
墓掌令公墓右越一岡癸坐有表外孫任說記陰

。子殷輔字商卿成化戊子生成宗甲寅別試
文丙科歷銓郎典翰直提學宗伯兩銓長貳相止
領議政入耆社甲辰七月卒壽七十七謚靖成墓
掌令公階下壬坐有表記陰神道碑領議政洪彥

弼撰進士申孝仲書寺正朴公亮纂叅贊蔡世英
安分堂李希輔並撰行狀娶陽城李元禎女再娶
判書礪山宋瑛一作琚女繼子貞彥見下女權纘
文判書 贈贊成朴季芬司直
子
子殷佐進士直長娶忠順衛李克枝女再娶司紙
光山金仲文女无男女原州元鵬監察宗室孝思
唐津副尉善山金弘遇縣令 贈判書仁川蔡夢
鶴南陽洪侃判官
女任明弼豐川人參奉 贈判書父訓導濟子任
尹文參議任說文判尹文靖公任呂文承旨女金
漢公玄風郭藩郡守
女燕山淑儀无育

十世

殷弼字商老號東岡成化甲午生丙辰進
士燕山甲子別試文壯元嘉善大夫吏
曹參判乙未七月六日卒從遊己卯諸賢及北門
禍作以承旨獨啓救之詳見知退堂李廷馨黃兔
記事至 英宗丁卯特 贈領議政墓松山先塋
伯氏靖成公階下壬坐有表記陰有所著詩集

配 贈貞敬夫人平康蔡氏忌丁亥九月九日墓雙封

子

子明彦无后

子貞彦出爲伯父殷輔后進士主簿婁縣令文化

柳琥女子承烈女全州李奎章主簿昌寧成以勤

清州韓景裕察訪 贈參判

子亨彦縣監娶縣令綾城具之經女再娶文化柳

陵女子承祥監役女思津宋慶昌

子成彦判官娶白川趙恂女子慶祥主簿女平康

蔡瀛瑞原廉禮元庶子承仁

女趙光王平壤人直提學父佐郎宗健子趙元命

忠義衛趙哲命參奉趙順命直長

十一世

弘彦 字士美 弘治癸亥十月三日生司

憲府監察甲申二月七日卒壽八十

二 贈領議政墓楊州古州內盤巖里捧作洞甲

坐有表簡易崔岦撰神道碑鵝溪李山海撰誌

配 贈貞敬夫人全州李氏丁卯生忌丙子三月十

二日壽七十墓雙封族姪大提學月汀根壽撰誌

子承慶字善應 嘉靖丙午生員 明宗乙卯式

文乙科歷翰林兩司止宗簿寺正癸未卒墓考妣

墓南岡娶參奉原州元希尹女 无男女 忠州崔鈇
文府使鎭川宋英耇文監司
子
子承緖生員交河縣監 贈承旨娶水原崔世蘭
女子壿縣監女李海同知 庶子琨僉知
○子承勳字子述號晴峯 嘉靖己酉九月十九日
生 宣祖癸酉進士同年式文科歷翰林三司舍
人副學吏戶兵判止領議政辛亥六月十六日卒
墓楊根南始面渊陽里亥坐有表白沙李恒福記
陰七世孫濟東撰家狀族孫右相著東撰諡狀娶
倉守昌寧成好問女子珙文修撰號海客光海乙
卯編配通川奉母夫人于謫中丁巳三月二十日
夜失火延及母夫人寢室公挺身赴火卒于母夫
人側公妹白江李相國夫人及公季女年十四未
笄者並從死庶母亦自外就死癸亥改玉筵臣以
聞旌閭續武科副元帥兵曹參判 贈兵曹判書
女全州李敬輿領議政文忠公陽川許國洗馬庶
子珩
女柳容庶二 无育全州人郡守父典籤世鵬
女閔叔獻庶三 前室无育驪興人縣監父別坐紹

宗
女韓匡立序四后室淸州人府使父縣監仁子韓
洞別坐女陽川許徽判中樞李尙絅直長
女黃世愍序五后室尙州人判官父監正耆贊子
黃佑商縣監女鄭思誠
女李復善序六全州人忠義衛父司直忠秀子李
邦榮都事
女卞希謙序七后室密陽人父郡守應夢子卞忠
元郡守卞佛元僉正
女李熈春序八后室全州人別坐父縣監浩子李
俏主簿女龍仁李聖望監役李德源司果趙有後
參奉、
女金德男序十二順天人贈判決事父司藝慶
言子金轍金鍈縣監金韶進士金韺參奉金韹生
員金鏶丈通禮女咸陽朴守謹直長淸州鄭時亨
參奉安東權尙經

十二世

承吉 字子一號南岳 嘉靖庚子十月十八月生辛酉進士 明宗甲子式文
丙科歷翰林至崇政大夫議政府左參贊入耆社
丙辰十一月二十一日卒壽七十七 贈領議政

諡肅簡剛德克就曰肅 正直無邪曰簡墓在平下西面龍門山麻
洞丑坐有表參判李瑞雨撰神道碑澤堂李植撰
行狀白湖尹鑴撰諡
狀所著文集行于世
配貞敬夫人潘南朴氏戊申八月九日生忌丁
巳正月二十五日墓祔澤堂李植撰行狀
子
子瑁溫陽郡守　贈戶曹參議娶庶尹光山金廗
秀女子昌業昌國昌煥昌顯昌啓
子璥生員義禁府都事光海癸丑獄不仕戊午謫
家入龍門山癸亥改王後累徵不起甲戌除教官
不就丙子亂赴行在守堞不離得疾危甚聞和
議成却藥不飲丁丑正月二十日卒贈執義娶
佐郎安東金敬立女子昌顏僉知昌亨初授參奉
以膂力兼人李相國敬輿劉薦武科忠清水使女
全州李楠仁同張百年
子璹廣興倉守娶參贊全城君全州李準女子昌
言昌門號楸谷以孝行贈別檢昌庭昌明昌世
女草溪鄭元詹縣監坡平尹以升昌寧曺孝昌文
佐郎廣州安時哲進士

女李忭序三全州人僉正父參奉景濬生父縣監
景嶔繼子李光漢
女宗室珙序六仁城君孝愍公
宣祖大王第七男子信海平君億海安君靖獻公
健海原君忠孝公俊海寧君康懿公僖海陽都正
贈君女宓寧南壽星武府使豐山沈長卿進士

十三世 璂 字希王隆慶戊辰十月一日生庚寅
進士平壤府庶尹甲子八月四日卒
贈左承旨墓考妣墓階下癸坐有表
畏齋李端夏記陰玄孫進士鈺書
配 贈淑夫人慶州金氏丁卯十一月
十二日生忌丁丑正月七日墓祔
子
子昌立字季振 萬曆癸巳生乙卯生員光海戊
午式文科未行 殿試 仁祖癸亥改試乙科典
籍丁卯以書狀官航海赴 京漂沒忌九月十四
月 贈左承旨麻谷先塋右麓酉坐有表
冠蔵娶吏郎密陽朴曾賢女无后墓祔
子
女權審中序一前室安東人佐郎父忠貞公快

十四世 昌遠 字德甫 萬曆辛卯十一月十五日
生乙卯生員義禁府經歷庚寅四月
二十一日卒 贈戶曹參判墓古州內九郎洞先
塋階下乾坐有表睡村李畬記陰曾孫進士鎰書
配 贈貞夫人驪興閔氏壬辰五月十六日生
忌庚戌七月二十三日享壽七十九墓祔
繼子
庶子再閔僉中樞要寺正密陽朴遴女子文周行
周緯周女柳斗望

十四世 昌運 字叔亨 萬曆辛丑四月三日生丁
丑居憂不勝喪是年十一月二十六
日卒墓驪州占梁面內沙谷戌坐有表
睡村李畬記陰孫婿進士陽川許鍋書
配 全州李氏甲辰六月八日生忌戊
辰三月二十五日墓祔育一男
繼配白川趙氏戊申五月十一日生忌
己巳三月十二日壽八十二墓雙封
子 出為伯父后
女李相軒前室廣州人武兼宣傳父 贈都事祉

運子李敍疇女尹光圭按公碣銘光圭作永勳

女權道經安東人武兵使父同知順昌江都殉難繼子

權尙儼譜彙作相尙女龍仁李宊璋佐郎全州李萬齡

文牧使

十五世 尙閔 字孝源 天啓壬戌十二月三日生筮仕監役歷典比安龍仁止宗親府典

簿丙子九月二十三日卒壽七十五墓驪州占梁向大沙谷百代洞子坐有表孫男進士錫書全城

李行奉撰行狀

配清州韓氏辛酉七月一日生忌丁亥正月十八日

墓祔胥一男

繼配驪興李氏戊辰十月二十三日生忌甲申十二

月十日壽七十七墓公墓階下子坐

子

女許錮陽川人進士父郡守垓子許賨女宜寧南

夏尙進士原州金聖標生員延安李宗延延正言

庶子翰周武科折衝僉使娶同知安東權順昌女

子鏡鍇鏞鎬

庶子學周僾牌頭无男女李弘述元亨瑞

庶女金志遠原州人司勇父僉正敬文子金夢天

女許鑄武科
庶女李簾全州人萬戶父僉知之蘭子李世堅齋
訪李世章李世憲僉知
庶女成熙夏昌寧人父知事靖惠公櫻子成至愚
成至亨成至訥

十六世 世周 初諱楨周字文述 崇禎壬午十二月九日生戊子四月二日卒墓驪州
大沙谷村後子坐
配全州李氏甲申二月十九日生忌癸未十一月十
六日墓祔
子鎰字得仁丁未生進士娶生員原州金夢商女
子澤普澤雨進士號雙峀軒女驪興李景煥生員
東萊鄭道彬
子
女洪景源亭三前室南陽人 贈持平父 贈持
平敍禹子洪曎文孟郎洪曎洪晬洪暐洪疄
庶女元有孟原州人子孔千得

十七世 鉉 字公擧 顯宗庚戌五月十九日生癸
酉正月九日卒墓楊州九郎洞先塋左

麓子坐以祖考命奉本生曾祖祀
配延安李氏戊申正月七日生忌丁未六月八日墓
耐
子
子澤弘初諱澤喜字大而辛未生娶廣州李泓女
子愚相生員娶相女安東權穎文承旨東萊鄭潗

十八世 澤休 字美仲　肅宗丁卯七月十八日生
乙卯式文壯元歷左通禮耆秩通政
大夫僉知中樞府事丙子四月二十
八日卒壽七十墓考妣墓左麓壬坐
配 淑夫人順興安氏丁卯三月十
六日生忌己未十月三日墓耐
子
子衛相字叔平壬辰生娶驪興李哲休女子光謙
子得相字季良戊戌生丁卯庭試文丙科承文院
副正字娶文府使延安李世柱女繼子儀謙見下
女草溪鄭省欽
女李載愚驪興人父匡煥繼子李是　女居昌愼
處常

十九世 龜相 字著卿號雪洲己丑三月十六日生
英宗己未謁 聖文乙科成均館典
籍癸卯九月七日卒壽七十五墓麗州內沙谷本
生五代祖階下乾坐海左丁範祖撰行狀所著詩
集藏于家
配完山崔氏丁亥二月二十七日生忌辛卯十月四
日墓祔
子
子儀謙字大兟庚午生出爲季父得相后娶永川
李廷鉉女繼子喆順見下女豐川任善元
女洪樂定豊山人父字錫繼子洪壽榮女江陵崔
致倫漢陽趙德鉉
二十世 正謙 字大之號六松齋 英宗辛亥十月
十一日生有至行戊寅九月三十日
壽八十八墓考妣階下乾坐
配草溪鄭氏壬子七月二十六日生忌壬午二月六
十三日墓祔育二男
繼配慶州金氏癸亥十月十日生忌癸未十二月二
十日壽八十一墓祔
子

子喆順字子健戊寅生出爲李父儀謙后娶清州

韓興烈女子致善養善出爲李父喆寬后女清州

韓培永

子喆寬字敬五庚寅生生員出爲三從叔父好謙

后娶草溪鄭鎭星女繼子養善女青松沈東夔羅

州丁若鑄豐山洪鶴周平山申楙全州李達濂

女趙錫祜序三前室横城人父載坤女全州李守

女李治綱序五驪興人父是鍵子李奎根李鍾彬

女善山金用楹南原尹泰永

女閔學撰序六前室驪興人父聖躋子閔思華

二十一世 喆健字子順號中麓 英宗癸酉十月

二十日生甲午四月二十日卒壽

八十二墓驪州內沙谷先塋右

越二岡酉坐所著詩集藏于家

配全州李氏甲戌四月七日

生忌庚午六月四月墓祔右甲申考妣啓移葬

子

女韓鎭厚清州人父致敬子韓命源韓濟源女全

州李南七草溪鄭學承密陽朴承源

二十二世 箕善 字稚範號栢軒正宗庚子十一月六日生癸巳六月二十一日卒
墓內沙谷先塋左越一麓寅坐所著詩集藏于家
配淸州韓氏甲午十月十一日生忌乙酉四月二十三日墓祔 甲申考妣闔移葬
子
女韓學源序一淸州人父鎭九生父鎭億子韓祐東女善山金在準

二十三世 濟奎 字星伯純祖庚午十一月二十七日生己卯八月六日卒壽七十
墓合封所著詩集藏于家 號拙堂
配全州李氏乙丑二月二十三日生忌辛丑三月三日墓水原禿城山城東細橋里先塋右麓甲坐 左祔
子
女睦履信泗川人父源曾生父源耆

二十四世 憲榮 字右吉庚寅十二月二十八日生甲寅六月二十日卒墓楊州九郞

洞七代祖階下壬坐

配原州元氏乙酉七月二日生忌甲寅七月十二日

墓祔

子

二十五世 元燮 字舜八 憲宗己酉四月十二日

甲午進士丁未九月十三日卒墓

內沙谷高祖考墓階下戌坐蔭主李汀嵩湍宅

日宣憲被牽

號滄霞、卦堂 甲申曾祖階下移葬

配全州李氏戊申九月二十二日生忌壬辰四月十一

日墓

繼配全州李氏乙亥六月十九日生父學信祖慶白曾

祖文禮外祖高靈申昇模忌辛卯三月二十六日卒壽

七十七墓內沙谷曾祖考右越寅坐

子

二十六世 泰老 號又堂 檀紀四二三四年癸卯四月

十二日生 純宗特命贈參

奉禧紀四三一三年庚申十月二十三日卒壽七十八墓義政

府松山本生十八代祖左麓卯坐西向

配 全州李氏 辛酉生 癸亥六月二十五日卒 墓祔 一女 六月
原州人 元周鎬子 永錫女 二女生

繼配 廣州李氏 壬子十一月二十九日生 六男三女 六月
父 肯載

子 亨鎭 辛未十二月十日生 配 原州李氏 子 洪植 女 洪一
孫 韓植 配 原州李氏 庚午一九三〇年生 壬辰閏二月十日卒

子 珪鎭 辛巳十月十四生 配 密陽朴氏 子 洪哲 孫女

子 晩鎭 丙戌十一月二日生 配 驪興閔氏 二女 琨貞、瑞卿

子 勝鎭 己丑十一月二十六日 配
金氏 二男 洪基、洪瀾

子 肯鎭 壬辰九月二十八日 配 南陽洪氏 一男一女 洪準、惠琳

女 益鎭 庚申生 一男二女 六月

女 弘鎭 己巳生 羅州人 丁曉榮 二男二女 六月

女 康鎭 丙子生 草溪人 鄭義憲 二男 六月

女 桂鎭 甲申生 平倉人 金秉喆 二男二女 六月

二十七世 德鎭 號月汀 堂號 楸峯堂 大韓民國
己卯 檀紀四二七二年一月二十四日生

配 原州李氏 辛巳 檀紀四三七四年九月二十六日生 生父 英時

子洪悅 己酉檀紀四三〇二年八月十九日生

配慶州金氏 檀紀四三〇二年五月十五日生 父振浩

子洪中 壬子檀紀四三〇五年十月二十四日生

配昌寧成氏 美賑 檀紀四三一二年六月十四日生

一男一女 云月

子俊植 辛卯檀紀四三四四年二月五日(陽三月九日)

女雅英 辛卯檀紀四三四四年二月五日(陽三月九日)

嘉善大夫吏曹叅判 贈領議政尹殷弼

四世源流

權鄘 大憲	安東權氏		
李文和 左叅贊	李都禮 禮判 文	仁川李氏	
朴忱 判事	密陽朴氏		
尹思修 吏叅	尹處誠 府使	尹泂 掌令	尹萱 僉正
金自知 開城留後	金偉 署令	金模 縣監	延安金氏
尹就 大提學	坡平尹氏		
黃碩 書雲正	黃淵 郡事 一作府使	江華黃氏	前配安東權氏 父 [illegible] 文贊 [illegible]
黃允奇 典書	昌原黃氏		金義李氏 父李偶 判[illegible] 寧

配 贈貞敬夫人平康蔡氏

四世源流

金淇 寺正 — 商山金氏 前室

黃喜 領相翼成 — 黃致身 判中胡安 — 長水黃氏

宋仁山 代言 — 礪山宋氏

蔡玉澤 護軍 — 蔡孝順 都事 — 蔡潭 判官 — 蔡子湳 僉正

柳元顯 檢漢城尹 — 柳衍 縣令 — 柳孝庸 郡事 一作康 — 文化柳氏

氏

蔡譜作柳孝慵以元顯爲孝慵之父當更考柳譜而正之

氏

氏

通訓大夫司憲府監察 贈領議政尹弘彦

四世源流

黃 淵 郡事
江華黃氏

金 偉 署令
金 楨 縣監
延安金氏

李孝禮 禮判
仁川李氏

尹處誠 府使
尹 泂 掌令
尹 萱 僉正
尹殷弼 吏叅

蔡孝順 都事
蔡 潭 判官
蔡子涓 僉正
平康蔡氏

黃致身 判中 胡安
長水黃氏

柳 衡 縣
柳孝庸 郡守 一作庸
文化柳氏

氏

配 贈貞敬夫人全州李氏

四世源流

姜進德 承旨 晋州姜氏

鄭之夏 掌令 鄭祖禹 生員 光州鄭氏

李茂昌 少卿 陜川李氏

孝寧大君 補 寶城君 容園山君 行 長臨守舜民

朴 朴 朴承元 別坐 雲峯朴氏

韓 韓忠常 僉使 清州韓氏

資憲大夫議政府左參贊 贈領議政尹承吉 諡簡肅

四世源流

柳孝庸 郡事
蔡潭 判官
金模 縣監
尹洄 掌令
李容 寶城君
鄭祖禹 生員
朴

文化柳氏
蔡子涓 僉正
延安金氏
尹萱 僉正
李行 園山君
光州鄭氏
朴承元 別坐
氏

平康蔡氏
尹殷卿 吏參
李舜民 長臨守
雲峯朴氏

尹弘彥 監察
全州李氏

配貞敬夫人潘南朴氏

四世源流

南倜 郡守 生 | 宜寧南氏

金着中 主簿 文 | 金益謙 府使 生武 | 義城金氏

成孝源 縣監 | 昌寧成氏

朴薑 判中 功白 | 朴緇 執義 逸 | 朴墉 領敦 錦城 | 朴諫 牧使 文

成俔 文衡 慵齋 | 成世亨 縣令 | 成詢 監司 | 昌寧成氏

李長生 縣監 | 星山李氏

李淳 定陽君 | 李孜 德林正 | 全州李氏

姜鶴孫 司評 | 晉州姜氏

通訓大夫平壤庶尹 贈承政院左承旨尹 壚

四世源流

朴承元 别坐	雲峯朴氏		
李 行 圓山君	李舜民 長臨守	全州李氏	
蔡子消 僉正	平康蔡氏		
尹 萱 僉正	尹殷弼 吏叅	尹弘彥 監察	尹承吉 文左叅贊
朴 緇 執義 逸	朴 墉 領敦 錦城	朴 諫 牧使 文	潘南朴氏
金益謙 府使 武	義城金氏		
成世亨 縣令	成 詢 監司	昌寧成氏	
李 孜 德林正	全州李氏		

配 贈淑夫人慶州金氏

四世源流

李活 主簿
原州李氏

鄭溫 武僉知
鄭允誠 兵使
草溪鄭氏

李
全州李氏

金季勳 牧使
金璞
金興載 司果
金瑴 忠義衛

李弼 校尉
李繼長 叅奉
李彥㥏 吏議
延安李氏

成世貞 大憲
昌寧成氏

氏

氏

通訓大夫義禁府經歷 贈戶曹參判尹昌遠

四世源流

成詢 監司	昌寧成氏		
朴墉 領敦 錦城	朴諫 牧使 文	潘南朴氏	
李舜民 長臨 守	全州李氏		
尹殷卿 吏參	尹弘彥 監察	尹承吉 左參 贊	尹瑄 庶尹
金璞	金興載 司果	金磬 忠義 衛	慶州金氏
鄭允誠 兵使	草溪鄭氏		
李繼長 參奉	李彥憬 吏議	延安李氏	
	氏		

配 贈貞夫人驪興閔氏

四世源流

尹光雲　坡平尹氏

姜　溫 舍人　姜士尚 右議政　晋州姜氏

李　緯 府使　廣州李氏 前室

閔齊仁 贊成 立岩　閔思容 郡守　閔汝健 令　閔　機 府尹 生汝儉

洪士俯 正 己卯名人　洪　靜 僉正　洪翼賢 判官　南陽洪氏

黃　憲 奉事　長水黃氏

閔希參 生員 同知　閔　瀹 宣教郎　驪興閔氏

尹壽祐　坡平尹氏

通德郎尹昌運

四世源流

成詢 監司　昌寧成氏

朴墉 領敦 錦城　朴諫 牧使 文　潘南朴氏

李舜民 長臨 安　全州李氏

尹殷弼 吏參　尹弘彦 監察　尹承吉 左參 贊　尹璛 庶尹

金璞　金興載 司果　金慤 忠義 衛　慶州金氏

鄭允誠 兵使　草溪鄭氏

李繼長 參奉　李彦憬 吏議　延安李氏

氏

配恭人全州李氏

四世源流

李

李愼孝 進士

李諛 郡守

李和式 文 牧使

黃

黃

黃沂 文 監正

長水黃氏

攷諸譜彙黃氏無沂字諱有黃忻官
僉正又世獻文府使祖瓚府使長原君而
推以世次恐無先後具
或心勿誤書以三水邊
耶當俟博考

繼配恭人白川趙氏

四世源流

李 理 雲山令 全州李氏

具承裕 司果 具玄祿 正郎 綾城具氏

洪應湜 郡守 南陽洪氏

趙興學 本譜單作興 祭奉 趙彥忠 虞候 趙弘仁 生員 趙 暻 生員

奇 适 副尉 奇大興 逸 掌令 奇敬信 幸州奇氏

閔起文 文湖 副學 閔 洎 別坐 驪興閔氏

通訓大夫宗親府典簿尹尚閔

本生源流附 以下兩世並不錄

李彥慄 吏議
延安李氏

金興載 司果
金 慤 忠義衛
慶州金氏

朴 諫 牧使 文
潘南朴氏

尹弘彥 監察
尹承吉 左參贊
尹 璷 府尹
尹昌運 通德郎

李慎孝 進士
李 談 郡守
李承式 牧使 文
全州李氏 前配

氏

黃
黃 沔 監正 文
長水黃氏

氏

通訓大夫宗親府典簿尹尚閔

四世源流

李彥㦓 吏議	延安李氏		
金興載 司果	金磬 忠義衛	慶州金氏	
朴諫 牧使 文	潘南朴氏		
尹弘彥 監察	尹承吉 左參贊	尹璛 庶尹	尹昌遠 都事
閔思容 郡守	閔汝健 令	閔機 府尹 文	驪興閔氏
姜士尚 右相	晋州姜氏		
洪□靜 僉正	洪貫賢 判官	南陽洪氏	
閔瀗 宣教郎	驪興閔氏		

配淑人淸州韓氏

四世源流

氏

氏

鄭英輔 進士
鄭氏

韓瑾 府使
韓慶胤 參奉
韓欽 判官
韓仁浹

李松年
李夢庚 贈右尹 鶴城君
李胤男 武功 原城君
原州李氏

李鳴唐
益興李氏

李基 忠義衛
李慶海 忠義衛
韓山李氏

元徽 文縣監
原州元氏

繼配淑人驪興李氏

四世源流

吳益昌 正郎 文
咸陽吳氏

尹國馨 判書 達川
尹敬立 監司
坡平尹氏

兪洵 縣令
杞溪兪氏

李友仁 僉正
李尚寬 郡守
李志一 別提
李東鎭

金
金
金護
光州金氏

通德郎尹世周

四世源流

洪翼賢 判官	南陽洪氏		
閔汝健 令	閔機 府尹文	驪興閔氏	
金 慤 忠義衛	慶州金氏		
尹承吉 左參贊	尹璶 庶尹	尹昌遠 都事	尹尚閔 典簿
韓慶胤 參奉	韓 欽 判官	韓仁浹	淸州韓氏 前配
	氏		
李夢虎 贈右尹	李胤男 原城君	原州李氏	
李慶海 忠義衛	韓山李氏		

配恭人全州李氏

四世源流

朴世烔 縣監	竹山朴氏		
沈銓 監司	沈友俊 進士	青松沈氏	
宋重昭 兵使	礪山宋氏		
李惟貞 佐郎	李準 吏判 全城君	李邦益 勳都	李德夏 府使
沈怫謙 僉正	沈愉 進士	沈廷巽 都事	青松沈氏
許筬 贊成 岳麓	陽川許氏		
具思仲	具[illegible] 吏郎 草堂	綾城具氏 三室	
李欽禮 水使	全州李氏		

學生尹鉉

四世源流

李胤男 原城君	原州李氏		
韓欽 判官	韓仁浹	清州韓氏	
閔機 府尹	驪興閔氏		
尹璢 庶尹	尹昌遠 都事	尹尚閔 典籍	尹世周 通德郎
李準 判書	李邦益 勳都	李德夏 府使	全州李氏
沈友俊 進士	青松沈氏		
沈愉 進士	沈廷翼 都事	青松沈氏	
具寵 吏郎	綾城具氏		

配孺人延安李氏

四世源流 、

睦長欽 (禮叅 孤石) — 泗川睦氏

趙希轍 (承旨) — 趙珩 (判書 翠屛) — 豊壤趙氏

洪慶臣 (副學 鹿門) — 南陽洪氏

李光庭 (判書 君白) — 李翃 (郡守 文) — 李斗徵 (縣監) — 李河 (正郎)

李彦慶 (叅奉) — 李珞 (縣監) — 李光冑 — 新平李氏

魚起瀜 (叅判 武) — 魚尚儁 (掌令) — 咸從魚氏

通政大夫僉知中樞府事尹澤休

四世源流

沈廷翼 都事	青松沈氏		
李邦藎 點都	李德夏 府使	全州李氏	
韓仁浹	清州韓氏		
尹昌遠 都事	尹尙閔 典簿	尹世周 通德郎	尹鉉
李秘 郡守 文	李斗徵 縣監	李河 正郎	延安李氏
趙珩 判書 翠屛	豐壤趙氏		
李珞 縣監	李光胄	新平李氏	
魚尙儁 掌令	咸從魚氏		

配淑夫人順興安氏

四世源流

鄭世䙺 蔭吏判 東里	東萊鄭氏		
申起漢 正郎	申混 校理 初菴	高靈申氏	
睦嗜善 僉正	泗川睦氏		
安夢尹 知中 武君	安應望 參奉 進	安玖 師傅 進	安憲國 進士
趙西血 直學 松湖	趙蕉 令 僉中	趙德潤	橫城趙氏
李機 監司	星州李氏		
李德馨 領相 漢陰	李如璜 完伯	廣州李氏	
禹俊民 都承旨 楓潭	丹陽禹氏		

通訓大夫成均館典籍尹龜相

四世源流

李光胄 | 新平李氏

李斗徵 縣監 | 李河 正郎 | 延安李氏

李德夏 府使 | 全州李氏

尹尚閔 典簿 | 尹世周 通德郎 | 尹鉉 | 尹澤休 文壯 僉樞

安應璧 參奉 | 安玖 師傅 | 安憲國 進士 | 順興安氏

申混 校理 | 高靈申氏

趙集 令 | 趙德潤 | 橫城趙氏

李如璜 完伯 | 廣州李氏

配淑人完山崔氏

四世源流

金克鍊 奉事
善山金氏

權大有 縣令
權德廣 郡守
安東權氏

李廷機 牧使 文
永川李氏

崔侃 贈吏叅
崔敬中 左尹
崔宇成 孝 贈持平
崔瑞雲

李迎長 應教
李元祿 大憲
李基命 正郎 文
廣州李氏

李命龜
光州李氏 前室
安[illegible] 贈承旨 承旨 [illegible] 祖
順興安氏 後室
李元祿

韓興相 僉正
韓宗運 佐郎
清州韓氏 前室

鄭華齊 知製教
東萊鄭氏
盧道亨 郡守
盧景命 監察
光州盧氏
金[illegible] [illegible] 縣令
金氏
[illegible] 室

通德郎尹正謙

四世源流

趙德潤	橫城趙氏		
安玖 師傅	安憲國 進士	順興安氏	
李河 正郎	延安李氏		
尹世周 通德郎	尹鉉	尹澤仲 文壯 僉樞	尹龜栢 典籍
崔敬中 左尹	崔宇成 孝贈 持平	崔瑞雲	完山崔氏
權德廣 郡守	安東權氏		
李元祿 大憲	李基命 正郎 文	廣州李氏	
韓宗運 佐郎	淸州韓氏		

配恭人草溪鄭氏

四世源流

申 澐	高靈申氏		
黃應老 僉正	黃潤河 縣令	昌原黃氏	
李舜元 郡守 文	全州李氏		
鄭洙碩 府使	鄭華柱	鄭熈績	鄭 壕
李喜年 牧使	李景鴻 參奉	李周和	韓山李氏
吳始壽 右相 水村	同福吳氏		
趙 沂 縣監	趙宇衡 縣令	淳昌趙氏	
李元禮 教官	韓山李氏		

繼配恭人慶州金氏

四世源流

申國　高靈申氏

沈挺賢 進士　沈恒道 同樞　靑松沈氏

元格 郡守 文　原州元氏

金曙　金命胄 默〻齋　金沃　金世綸

元舜輔　元淨 護軍　元弘道　原州元氏

成　成萬憲　昌寧成氏

學生尹喆健

四世源流

李基命 正郎　廣州李氏

崔宇成 孝贈持平　崔瑞雲　完山崔氏

安憲國 進士　順興安氏

尹鉉　尹澤休 文壯僉樞　尹龜相 典籍　尹正謙

鄭華柱　鄭熙績　鄭墚　草溪鄭氏

黃潤河 縣令　昌原黃氏

李景鴻 參奉　李周和　韓山李氏

趙宇衡 縣令　淳昌趙氏

配孺人全州李氏

四世源流

李驩　慶州李氏

鄭佑　鄭壽泰　延日鄭氏

黃嵩　尚州黃氏

李秀胤 洛西令　李衡齊 進壯　李漢一　李陽年

洪宇遠 吏判 南坡　洪沆　洪日賓　南陽洪氏

李宇晋 承旨　全州李氏

金玉鉉 承旨　金濤 正字　慶州金氏 前室

辛暉　寧越辛氏

學生尹箕善

四世源流

李圁和	韓山李氏		
鄭熙績	鄭墣	草溪鄭氏	
崔瑞雲	完山崔氏		
尹澤休 文壯 僉樞	尹龜相 典籍	尹正謙 通德郎	尹喆健
李衡齊 進壯	李漢一	李陽年	全州李氏
鄭壽奉	延日鄭氏		
洪 沆	洪日賓	南陽洪氏	
金 濤 正字	慶州金氏		

配孺人清州韓氏

四世源流

李萬恒 延安李氏

權達經 叅奉 權世德 安東權氏

柳以章 進士 全州柳氏

韓德欽 進士 韓洵 韓桂華 韓性謙

尹卿厚 正言 尹興緒 進士 尹德林 海南尹氏 旌烈

李雲徵 監司 蔭 全州李氏

李喜晚 李大恒 全州李氏

崔珣 崔氏

尹濟奎

四世源流

洪日賓 — 南陽洪氏

李漢一 — 李陽年 — 全州李氏

鄭塖 — 草溪鄭氏

尹龜柏 典籍 — 尹正謙 通德郎 — 尹喆健 — 尹箕善

韓洵 — 韓桂華 — 韓忭謙 進士 — 清州韓氏

權世德 — 安東權氏

尹興緒 — 尹德林 — 海南尹氏 雄烈

李大恒 — 全州李氏

室孺人全州李氏

四世源流

李徵遠
延安李氏

嚴泰亨
嚴霙
寧越嚴氏

金命復
慶州金氏

李雲根
李光運
李時邁 府使
李鉉吉 通德郎

鄭震甲
鄭應漢
鄭師吉
晉州鄭氏 右室

柳慶錫 柳琰 柳重協 晉州柳氏
李鉉吉前室

韓慶會
清州韓氏

尹憲榮

四世源流

尹德林
海南尹氏

韓桂華
韓性謙 進士
清州韓氏

李陽年
全州李氏

尹正謙 通德郎
尹喆健
尹箕善
尹濟奎

李光運
李時蓬 武府使
李鉉吉
全州李氏

嚴霙
寧越嚴氏

鄭應漢
鄭師吉
晉州鄭氏

韓慶會
清州韓氏

室孺人原州元氏

四世源流

金鼎禹
金海金氏
李宅善 全州李氏
成楗 成致燮 昌寧成氏 元用洛配

金始健
金南采
安東金氏

權致經
安東權氏后室
鄭熙台 草溪鄭氏
元孝大 元泰鎭 元用洛 生碩鎭

元孝省
元碩鎭
元朋沃
生 用洛 生員
元穛

權大來
權尚球
權炳
安東權氏后室

辛台東
寧越辛氏
金時復 金禹鉉 金永遂 商山金氏
元穛前室

金滑
金相謙
延安金氏

權
安東權氏
丁志淳 丁載博 羅州丁氏 金永遂配
金贊元 金氏

尹元燮

四世源流

鄭師吉	晋州鄭氏		
李時瀚 府使	李鉉吉	全州李氏	
韓性謙 進士	清州韓氏		
尹喆健	尹箕善	尹濟奎	尹憲榮
元碩鎮	元用沃	元穆	原州元氏
金南采	安東金氏	元奉鎮 元用洛 成致燮 昌寧成氏 元穆 本生	
權尚球	權炳	安東權氏 晰 生	
金相謙	延安金氏	金禹鉉 金永遂 丁載博 羅州丁氏 商山金氏 元穆 前室	

室 全州李氏

四世源流

宋德繼	礪山宋氏	許 攀 陽川許氏 [illegible]叟出后子 [illegible]之曾孫 李明奎 李相龍 延安李氏 李圭采配
權褘	權 僙	安東權氏
申景岳	平山申氏	鄭鎭、魯 草溪鄭氏 李和鎭、李守夏 李圭采 李熙益本生
李陽鎭、生和鎭	李守經	李宗綵 李圭綵 李熙益 生員
洪羽輔	洪舒浩	洪羲秉 豐山洪氏
沈東秀	青松沈氏	
吳錫師	吳 玥	同福吳氏
李啓默	全州李氏	

先世墓所標識

後孫 濟奎 述

英毅公墓壇 善山海平台溪山金山洞西麓子坐 土不及海平塲坐隔一澗地北壁名溪山
飛騰骨率中峯下土山蟠踞穴後饅星微々可下從
洞口逶迤左轉略行十許里登之壇可數丈而制矩
方豎碑其上書高麗侍中英毅公尹某之墓醬其未
剋則土山左旬平地度炭饅星陡起右旋若横戶中
央結穴與主峯相當而了氣與昏多相似青龍彎抱
仍作自己案階下數十步置祭廳左麓有吉姓塚其
下人家又是吉姓居東南十里軒涄里云有宗人幾
家墓右吉姓塚尤不滿十餘武西南洞壑平遠而洛
東江色隱現於旱滾之際德
藪在於上流越一岡地也

水原公墓 長湍津北面松山里內谷卯坐 自長湍邑從大路西北行十五里不及烏
峴攀站五里巽巳甲卯龍逶迤二里許元身不高支
脉亦微至穴後饅星稍高窩體結局飜身龍虎擡抱
緊束內堂甚平正案山亦不高峻濶遠有大澗自來
龍迤抱外青龍西流幾里至穴前轉身北向直過白

虎頭兩麓與右邊洞壑合流西北去案山山盡處相對白虎頭其下卽鳥峴撥站距墓所不過一馬場墓右數步總葬長男淸州公亦有表石而皆字畫漫滅莫可辨識同原上宗派後裔之衆冢纍纍所見甚未安饅星後來龍支脈向南處有延豊派數墳下有宗派數家向北處亦有殘村村名冷井白虎兩麓之間有監役徐有斐墓卽年前相訟來掘者云

掌令公墓 楊州松山楸谷壬坐孝子峯下龍亂西迤過炭一節直起頭壬坎來長乳穴墓碣書以通訓大夫行瑞山郡守尹某之墓階下卽靖成公墓墓碣爲任辰倭寇所毁石片散漫右邊岸底有神道碑又其階下卽東岡公墓墓碣記陰又其前雙封卽靖成公繼子主簿公墓三封卽公本生仲氏縣監公墓掌令公墓後數步有倉守公諱璿之墓結腦餘支脈西馳來數十步南迤爲內白虎其右平洋大窩微突處卽贈貞敬夫人延安金氏墓墓前有長明燈左旁埋未豎之墓碣階下有砥平派後裔墓越右一麓外有慶州李氏白沙後裔冢墳山其下村名楸谷又其西數千步有尹啓恭仁

鏡家累世墳山案山〻名軺軒峯〻陰多有砥平泒
先塋倉守公墓北麓向東處卽正言公升烈宅世葬
之原而內白虎肩甲亦有一墓山之西北有村曰陵
谷卽吾從叔母本宅而家後有其家先山自陵谷西
北去一里曰杜奄川〻南過楸谷洞口導樓院蘆原
而下爲中冷浦自孝子峯下南行數千步有砥石峴
卽水落山一枝北迤十里來作案山與主峯者也蓋
此地之以松山名者砥石峴南十里有前朝不服臣
趙松山舊基故也而本州邑 [誌狀云癸丑山又云]
案錄以芚夜面一里楸谷也 [水落山枝同龍願祖]

贈貞敬夫人仁川李氏墓 [楊州古州內九郎洞乾坐 六世孫經歷公纘葬仝坐]

自花峯南迤千餘步饅星稍高元身陡斷上下墳甚
拶逼右無支落惟有花峯西迤之一麓分作內外白
虎而內白虎與穴唇相當纔度一塋外白虎迤行數
千步山盡處峴名小盤回止于水回處青龍二麓自
穴後分介外高內低內青龍止于案對比穴邅稍低
相距纔百餘步上有六代祖學生府君墓又其階下
七八步許卽藏憲瑩處而左右平田僅皆數畝許今
墓幕在其右穴前水田之入眼橫亘者可一石落也

西望道峯環列如滿床筆架正南之水落山中峯又
其外案也自六代祖墓穴後餘麓彎弓樣周匝而山
趾結趺稍高又其左有二三枝落與外白虎相對為
結趺處所遮上墓不能見彎弓處中央窩穴卽從高
祖正字公墓也又其結趺處稍上北原有未冠早歿
之從高祖墓又其脊外十餘步向南不見處卽五代
祖僉中樞府君墓而穴身豊隆微有襯身白虎脣氈
左邊處有立石之古塚越塋一麓古塚纍〻而司譯
院正金思敬墓碣前痊吾緈衣金名史登之古州村
屋脊東北相望稍南衆塚宗室甄城君派局內云而
正東五里許獨山明媚者德覌一村後也外白虎脊外
不遠處卽趙滄江涑之墓而越一塋有漢山君墓盖
豊壤趙氏世葬之
地村名盤巖里也

監察公墓 楊州古州內盤巖里揷作洞甲坐雙封 山自東南來〻勢遞長不甚高峻至穴後
百步許轉身北向過峽一節分作三麓而右二麓稍
短而低左一麓高厚挺秀略與已透遞甲卯作局穴
身平廣陡截左旁雙墳卽公妻父長臨守墓而相距
纔尋丈餘從長臨守墓前緣崖東遞數十步有再從

曾祖諱光謙墓又十步許卽十一代傍祖宗薄寺正
公墓越南岡數十步立石橫縱者皆閭人墓而其下
人家卽所謂掉作洞也穴後龍身一字並迤右邊十
餘步平临處有從高祖通德郞公墓又其右許多支
麓古塚纍〻多有洪家山石而字畫可卞也穴後右
二麓卽族祖承旨諱晃東三父子墓也案山稍低有
安氏及閭人墓相望穴前田水自西南遶來直過白
虎頭與西流小澗合流同歸盖白虎頭距墓所可千
餘步而及度小澗從大路轉一厓則乃九郞洞水口
從山腰直踰則小盤峴〻西左麓有郡守尹希大三世
墳右麓有碣曰副正李晨墓海平尹氏祔卽吾九郞
洞大山所𢛳妹而荒廢年久前牧使趙明夏葬其弟
于腦後矣自墓所址望盤岩里畧一馬塲不足又其
西高峯絶頂碑碣林立者亦閭人墓其下村名柄項
里而澗南向東山麓有
安判書允直家先塋也

僉正公墓 水原禿城山城東細橋里坤坐
自水原新邑南門外從大路歷上下柳川
度大皇橋由泥溪餠壓街不及鐺底半路西望禿城
山城〻堞將臺歷〻入眼而稍東一岡南址迤長中

央出脉向東北作局碑碣特立其下上下細橋村品
字相望墓左尖秀一峯即 健陵案山而西迤為山
城即穴後借主也本山來龍自龍仁金星山至鐙底
巽巳丙下來一支坤落穿田度炭丙起頭巽巳轉身
爪體高峻者即單白虎而轉西層厓上甲坐即吾室
人藏也墓右岸下數步地許葬公之曾孫女韓景裕
夫人其後韓家之繼葬甚多單青龍一麓亦為其所
占穴下度一田有獨山蹲伏水田間形家所云印砂
似之那外青龍一麓有墓直洪姓人衆塚其外數麓
稍長為上細橋村後又其外數千步山勢崱崺畢竟
起峯聳立於水回處盖距餅壓街
數弓許即走上細橋之捷徑也

肅簡公墓 砥平下西面麻洞丑坐階下長男庶尹公墓癸坐

自砥平邑西行十里至廣灘村々後小路西迤緣厓
越嶝四五里登杜鵑峴已見上下墓碑碣對立遵岸
下涉一澗々北有赤峴村西北迤路入向南呀開之
第一洞口行數百武已是墓村登之白虎陡高遮掩
山根青龍稍脊瘦長外有補身砂即權氏墓所也案
山庚横梳點水口外案外起揖山上峯姸妙遙々作

正案洞口外大澗自龍門寺後發源沿澗處統稱龍門洞下流邊案山外有醬坪村其南數里許有趙龍門書院〻北野色敞遠院南山麓周匝卽堪輿所稱外明堂都水口而率皆暗拱者也穴後峯巒特立蓋自迦葉峯透迤起伏來歛之雄偉殆不可槩而山後五里有玄谷里野稍廣大澗南流到赤峴前與洞口水合流白虎上項向東一麓卽書狀公衣冠藏而夫人朴氏祔脊外有曺佐郞洞又其外有瓮店村郞李判書敏地墓下也

內沙谷墓阡

驪州南距邑治三十里有凹通山盤踞十里北有牛橋南有青背處洞在東壯金谷在西南蓋其正脈迤東向南止于天民川上川與山皆自竹山之九峯來百里相會者也迤東之第一麓五里南下最先右塋為李文烈公李甸之墓阡其下村名楸谷又西迤為求冨谷有閔文孝公鎭長世葬之原其南遮隔一麓之川上村庄卽具氏十餘世〻居之地也楸谷南冨谷東一里許洞塋之南臨川上者曰內沙谷周回可五六里最西之一岡陡起西南分介二麓向東垂頭千餘步正東之二麓南馳

至腰脊爲大小峴又南迤千餘步與西二麓斜對作
洞門洞門外水色鏡面澄碧川之南曰古梁坪野闢
十里有玄湖屛頭等村羅落入望鳴吠相聞其南大
山曰烏甲最秀之牡丹峯圍而峯羅列午丁方杜里
峯壁帝峯又其東南也原州之雉嶽白雲彌勒三山
環立于正東百里遠近秀色可攬矣洞壑中岡麓挺
秀者三中央饅星豐隆正合形家之玉枕其下坐戌
雙封石作莎臺碑碣對立階砌橫長者即吾本生九
代祖考妣墓也階下乾坐祔葬高祖考妣又南十步
許別作莎城邊幅恢〻者曾祖考妣墓而坐向上仝
階前長短石片隱現三面者八代祖舊壙四方石云
也比又祔葬宗叔父諱養善于階南十步許玉枕後
北上千餘步東西開帳即是洞壑全局之一大屛龔
而左肩甲有三從祖諱喆性墓右肩甲有四從叔諱
過善墓還從本麓南下百餘步轉屋稍右子坐即三
從叔益善墓也東一麓莎城與玉枕比竝處上下四
封即六代伯從祖進士公墓亥坐進士公諱澤雨墓
壬坐生員公諱悌謙墓及公孫婦江陵崔氏墓莎城
東北另一麓有昌谷具氏先山相去不能以數十步
盖云累百年前先我入葬者也莎城後來龍連溯西

北而上初一節結腦下有旱田一頃即吾家舊基之
庶尹公以下兩世考終處也緣山平地有族祖諱喆
輔配延安李氏墓稍遵西坮過一崖有宗家族曾祖
諱好謙墓大窩坐亥作局越右一麓稍高處有族叔
明善墓。又其右百餘步即東麓初落處而與右所云
開帳相連者也開帳西越一短麓有大麓南來即右
所云挺秀者三之一而肩甲向東處署多叔婢塚中
有四從弟永求墓其南合局辛坐有四從祖進士公
諱喆浩墓幾與玉枕斜對而坳澀不見又其南百餘
步岡脊上三封即進士公之祖考生員公及次子婦
全州李氏及長孫亨求墓而岡脊視東中二麓稍長
而殺也又其西一岡落脈於右所云最西一岡之中
央左右開帳百餘步庚兌來至穴後崛起累做枕
又十數步垂頭坐酉作局唇氊圓尖南有補身之一
麓蓋視左旁三麓不啻陡峻而觀身龍虎極其明淨
三面環拱之山勢野色殊不可槩此吾祖考妣墓也
右所云正東二麓中右一麓初落處小岡右迤有尺
珉曰忠義衛慶州金公慤之墓公即吾十代祖妣
贈淑夫人考也實此庄之開山鼻祖而嗣續絶以宗
祀與家事畀托于淑夫人至今有若干田民使吾宗

中最長房不奉祀人替攝香火亦士夫家稀覯之事
而左岡四墳卽公祖禰各封也脩公墓左緣厓二封
一則再從高祖諱春祖繼配趙氏墓一則四從祖諱
詰浩繼配李氏墓越右百餘步亦有四從祖諱喆紈
墓也遵腦後正脉南迤累百步至小峴翻身一節西
向開窩坐寅結局者卽吾考妣墓而階前二層臺上
窄下廣左右莎城仍是龍脣正中三藟前横案師謂
之進前筆岡金山中峯為正案也青龍盡處有伯從
叔父諱致善墓相距數十步莎城南兩麓間纍〻者
皆奴婢塚而族叔夢善新葬其繼配姜氏於最上拶
逼處右所云又南迤千餘步之間最先坳開處有再
從姪最榮初室黃氏葬稍南癸坐有從曾祖合封又
南一岡上下封卽伯從叔母江陵崔氏及再從兄諱
一源合封墓也又南開窩處有族祖諱喆闓墓又南
轉厓處卽公前妣李氏墓〻左數步繼隣葬三男諱
喆徽到此而山已盡水亦歸矣此卽右所云與西二
麓斜對作洞門者而越右外一麓有鄭氏家先壟也
左一麓大峴以南便是村民也北邱中有族祖諱喆
墓繼配李氏及次子婦鄭氏三從叔諱浩善配柳氏
若干墓又有適韓氏之從姑母歿於我貧未歸祔之

墓然除非繼世者時月瞻掃外恐有亡聖具茨之歎
矣大峴以北向東長麓之迤自越上項來者即八代
庶從祖僉樞公子孫君曾玄墓而巹南遠近有單葳
焉有雙封焉有上下墳焉俱未詳載於譜牒今不可
碑述長麓𡉏越一巹峻岡下向南結趺處即云僉樞
公墓而本孫亦未能的確也脩峻岡而北有旗祖諱
喆經墓坐酉嶠下庚坐即公之子婦慶氏墓又迤𡉏
越一脊合局丁坐有旗祖諱喆矗墓其下平田盖稱
甘堂村墟而北與百代洞墓阡數弓許相望迤西隈
噢水窮處即右所云楸谷村東轉沸潤行數百步乃
大沙谷村庄峻岡落脈亦
自內沙谷正東二麓頂也

百代洞墓阡

心通山一脈東迤爲楸谷又東迤爲百
代洞〻中一麓十回起伏恰有超驤騰
翥之執忽又饅星稍高左右支蘿如垂手樣正中岡
脊硬長坐坎作局書其碣曰龍仁縣令海平尹公諱
某字某之墓配淑人清州韓氏祔左階前單葳即公
之繼配淑人驪興李氏墓〻前有古塚其南數十步
有三從高祖諱復相墓〻前又有古塚又南數十步
即公之嗣諱用謙墓坐向並上仝未龍𡉏上陡起者

曰鷹峯〻之西第一阡有族叔夔善配鄭氏墓第二
阡艮坐有從高祖母驪興李氏墓階下繼葬三從叔
諱浩善第三阡子坐有僉使派祖謙及長男喆時墓
卽從其左傍曾祖通德郞鏞之兆也第四阡子坐有
耳從曾祖諱忠謙墓仲子諱喆祺樹其下第五阡子
坐有族祖諱喆者墓第六阡艮坐有諱忠謙配鄭氏
墓越右長岡初落處有庶族叔英善室李氏墓南迤
千餘步坐酉之原有四從祖諱喆倫墓幾與縣令公
墓二弓許斜對又其西南眷外有庶族祖喆應及其
私親申氏墓又其季氏喆興室海南尹氏同原各封
其南結腦稍高而岡麓展開俯臨甘坐處有再從高
祖母善山金氏墓及三從曾祖生員公諱友謙墓及
四從叔章善墓並辛坐而塋域相接遠不過尋丈許
右迤百步山凹不見處有縣令公女壻出南陽洪公
曠墓〻三壙異封也鷹峯之餘氣東漸扶輿磅礴者
曰小第山正脉南馳一支右旋為沙谷東西村庄之
鎭右旋將盡北迤起峯為縣令公墓正案烏甲山羣
峯來作外朝左右溝瀆與楸谷澗水合流於墓所西
南〻流千餘步入于天民川〻末亦見其來而不見其
去以〻案山為之障也右旋而來及址迤處坐丙三封

郎三從高祖生員公諱晃相及長公諱養謙及長孫
婦淸州韓氏墓〻右十數步甲坐有曾孫婦全州李
氏墓越右幾阡有僉樞沉重相墓及四從祖諱喆祐
墓又其右一麓有僉使沉喆英墓〻下統稱巴乃洞
至此而谷名石藤〻之北平田石腦下有墓蓋云喆
英家先塋而未詳東望小筝山中峯從高處艮坐郎

再從曾祖進士
公諱克謙墓也

大沙谷墓阡

大沙谷村後子坐郎吾七代祖考晩越
堂公墓阡也若其祖山與朝臺敀諸內
沙谷及百代洞若干敍述畧可涯涘而蓋以小茅山
南馳之正脈爲穴後饅星焉爲樾身龍虎焉又以右
旋之一支與大峴南址硬長一麓爲內外白虎焉天
民川一帶占梁坪十里烏甲山羣峯皆吾帳中器仗
而虎谷之來作內案騶峴之遮擁山根離手足之揖
頭目蔑以加矣東有樓峯又東有安平峴亦自小茅
國來而內短外長或垣或屛至于矢灘南北山欲爲
之不去水欲爲之不洩此墓阡之目境也正聽樓峯
西向塋域相望者寔宗家五世墓阡其正中岡阪平
穩坐甲作局而左麓結趺㫌護氈脅處郎公之嗣孫

學生公墓右長岡艮坐卽正字公墓又右一麓癸坐
卽生員公墓越右一岡甲坐卽宗弟竣高靈申氏墓
右所云左麓結跌之左緣壁一麓丑坐卽宗叔母慶
州李氏墓也又於正字公墓左後麓甲坐有正字公
次房孫諱喆中墓又於申氏墓右麓脊南有四從叔
在善前配權氏墓脊址二麓有具氏三封越址山坐
有僉使泒亨謙室元氏墓緣山北上有四從弟貞犹
墓又址上陡高處有四從祖諱喆勳墓長子婦金氏
附其右下循村後正脈幾至一饅星北向東合局有僉
樞泒澤重墓右所云右旋之一支纔又南迤坐酉開
窩者卽族叔諱羲善墓而迤北數十步脊外迤公之
祖禰上下四世兆己肄於百代洞故不復贅焉樓峯
盡頭壬坐有僉知澤裕墓稍左酉坐卽僉樞長男夏
相墓又其左一麓有再從姪最榮繼室金氏葬左右
諸麓皆云僉知子孫墓而不可詳正東安平峴下鶴
谷甲坐有僉知季氏澤春墓長男漢相附其下又其
東多郎洞有三從曾祖諱孝謙配草溪鄭氏墓迤北
竹松洞艮坐有僉樞長胤文周墓盖於竹松洞安平
峴之交多有僉樞僉使兩泒墓而未暇述焉
附奇踰峴水龍洞廓谷長頭

烏甲山諸麓無不興天民川東下而惟堅帝一峯
湖流度崧又起爲杜里峯々之餘氣北出西迤者
日騎騶峴正中開窩作局々向西有僉使泒司
勇澤任墓長男羽相祔其側々邊三封一則似是
仲子翼相墓而二則允未詳盖亦其旁親墓也南
過龐阪若干步有一麓舒長即族曾祖諱受謙繼
配沈氏墓左旁岡脊石軋崇業爲洞門之東闌也
水龍洞西麓從完庄村後迤邐北來起爲庯谷主
峯其餘氣東展西布遂作占梁坪正面郭々而東
迤稍盡仍是洞門之西闌々之東西相去不能以
一弓南有高岡正中出脉坐午作局即再從曾祖諱
光謙配咸平李氏墓也西闌外峻阪下平岡午坐
郎李氏之嗣諱喆命繼配横城趙氏墓稍西一麓
挺秀饅㙜下分介兩麓左短右長々者卷曲短者
勘跌當中合局丁坐郎第二從祖墓短麓左忤巽
坐有四從祖諱喆民墓左一麓平阪巳坐有諱喆
命墓左一麓最上峻岡下坐有宗家族曾祖母平
山申氏墓々左越一壑爲麓者四中央一麓 坐
有三從高祖 諱勗相墓其右麓丙坐即公之嗣諱
孝謙墓左麓 坐即公之次房孫諱喆輔墓又左

麓丁坐卽公之從子諱受謙墓從穴後崇岡左迤
累百步岡稍盡而虛頭坐巽有族祖諱喆墓墓前
配權氏祔而譜牒誤載以公墓左麓巽坐當巽更
正也
牧丹峯正幹北迤至蠟頭主峯左右開帳龍脈迤
長中心出脉饅星端突坐丙結穴氈唇平穩卽從
五代祖諱澤弘墓次房孫諱重謙祔其下左麓午
坐卽公之次允諱泰相墓右麓卯坐有四從祖諱
喆民繼配全州李氏墓艮坐有四從叔永善墓洞
口外巽坐有四從祖諱喆儁配安東金氏墓其西
一弓許卽辰頭村庄辰與
蠟擇俚相近有此混稱云
書成於同治己巳春凡宗黨之續後祔葬者
宜各付標追錄于所在地方也

圓圓花樹會

花樹集引

詩之權輿乎三百降而爲漢魏爲六朝爲唐宋爲元明逮至于今日者雖有世級才地之迴眩不同顧其出於性情則一也若夫我東之科製全不師古體裁甚俗謂可笑庸甫蒲葦則未矣猶尚後生傳習之方不可不蹈襲前人此所以古今傑作與年[illegible][illegible]元

之裒成編裒而至於棣泉權文所稱述藝
萬選一冊尤可見 先朝人才之盛矣噫
吾家宗族世居驪上今之距遠者不過
袒免則數世以前直是兄弟叔侄而當日
詞場之聲比屋可封不可以科名得失繫
矣奕葉吟誦足想門戶之閥閱而若愈
久散佚同歸杞宋之文獻則獨且奈何

哉族弟必求性足之懼遍搜諸家衍篋
間得若干首合爲一套而題其卷曰花
樹集意固甚好而名又相稱矣於是乎
時世之所尚是徵而末裔之紹述不匱則
比諸近藝之止於一時尤當萬萬矣無已
則科製外獨無篋中驪李之世業
刊行乎子盍圖焉

一八六八年

戊辰孟秋下澣杓堂宗末謹識

尹澤雨 時仲 雙峀軒 庚申司馬

龜相 著卿 雪洲 己未謁聖

命相 莘叟 一齋 甲子司馬壬申庭試

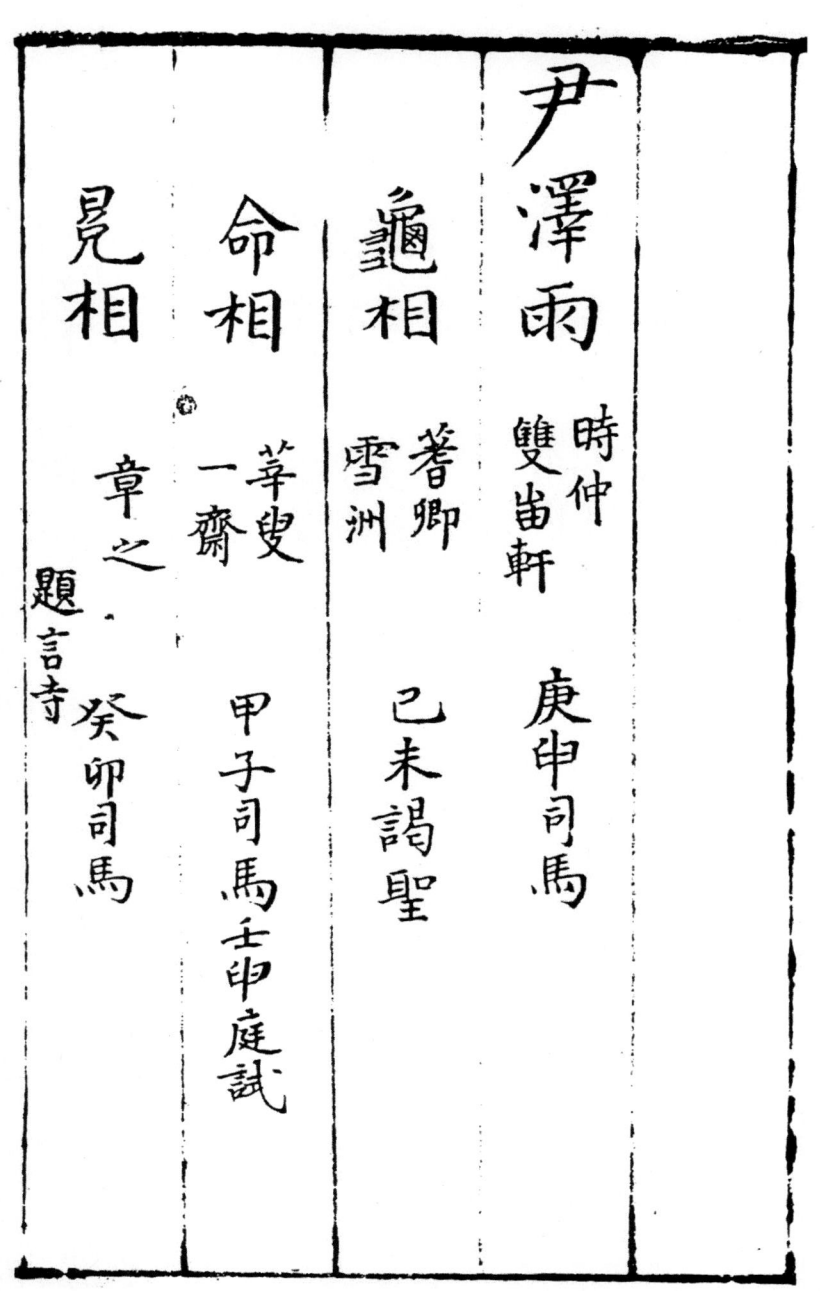

冕相 章之 題言寺 癸卯司馬

王相 士温 杏下

克謙 元博 楓南 甲午司馬

儀謙 大哉 袖珍

用謙 季淵 東川

養謙 稚晦 楠軒

喆健 國老 中麓

喆命 孟永 魯庵

喆浩 蓋國 夢澤 乙酉司馬

喆謩 文伯 摘蓮

致善 礀西

箕善 稚範 柘軒

養善 仲浩 未窩

遇善 岱卿 槐軒

羲善 用明 浩齋

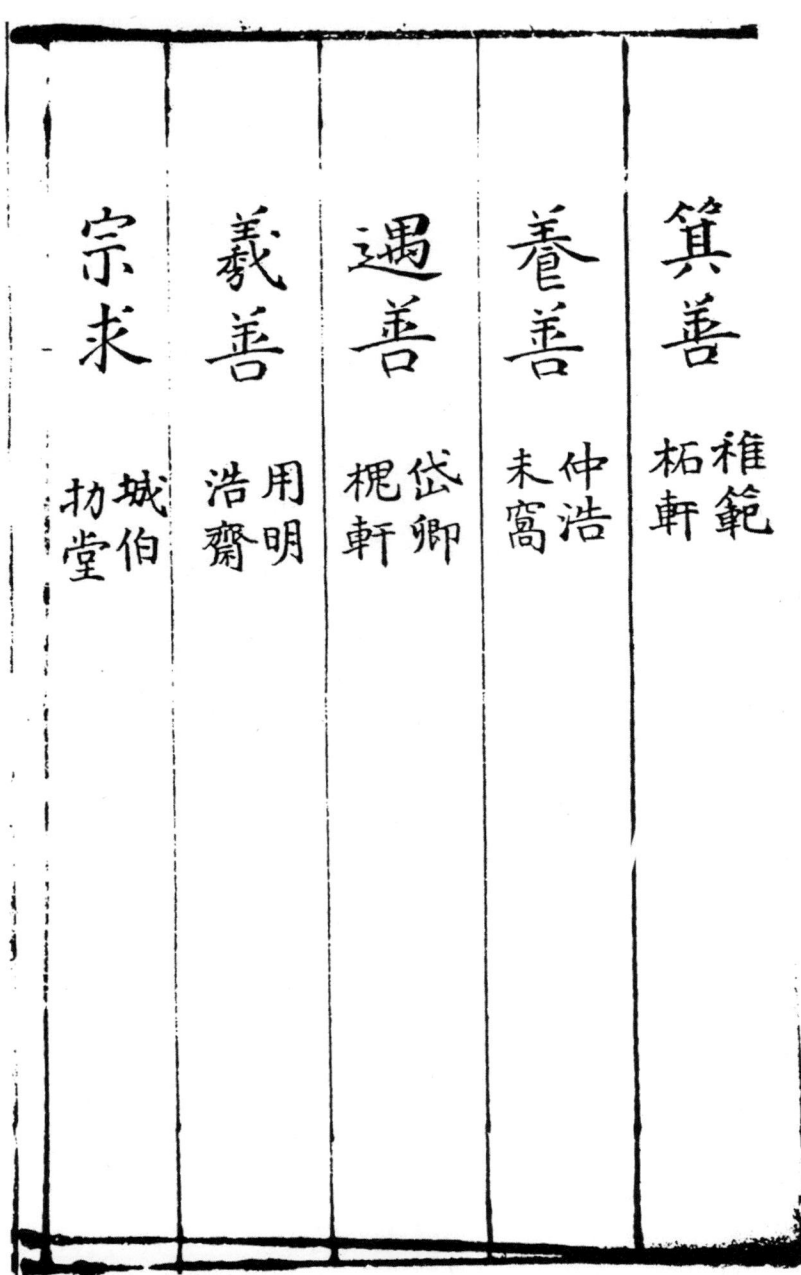

宗求 城伯 艻堂

必求

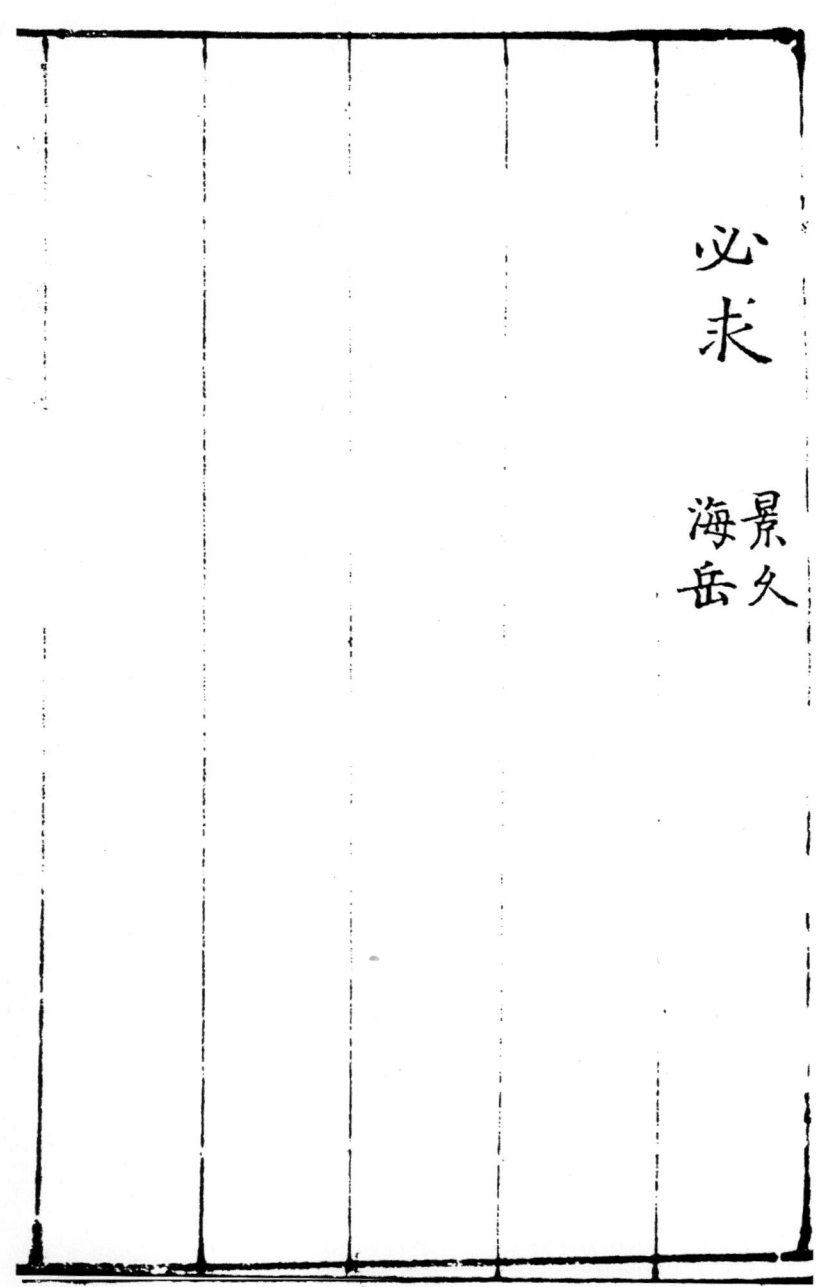

景久
海岳

久矣不見春謹頌 依俙太平但餘盛 生〻天地一氣中 曾賢莫誇浴沂興
四海誰能大陶句 來去人間青帝輪 發育神功同八垠 杜老空憐吟花衣
千金寶幕自珍意 千林春色盡呈露 天行太華位育廣 神梓已驗有活潑
發爾春詩編上陳 一春場氣同氤氳 詩出心肝摸寫新 素志可見藏經綸
着渠蘊抱盡在此 清真堂奧賦奎編 還知是業不草〻 詩中奇語枉致說
所負平生知有因 氣象迭比吟梅人 正合叢書陳北宸 愧我當時看未真
如今若人詠此手 偏憐花筆謾吟停 觀詩自是驗其人 清篇寫罷等閒作
庶致家中春澤均 真如東君遞育仁 這箇是於都是春 此子終為廊廟臣
元非致彼句語工 方知詩者是言志 他時進用果致澤
蓋是憐渠氣味淳 掩卷床頭與嘆頻 至今清名無等倫

讀第三篇春詩歎蘇秀才所負 雙樹軒公

監初次下

祭歷代帝王至漢高祖獨加一酌

英雄事與英雄等　四兩向來有異氣　盛之一酌獨加處　提三尺劒戎衣
往往黃圖定一怒　何似芒山彩雲五　嗟爾當年漢太祖　贏比山河匹夫取
金刀天子舊亭長　風塵何代沛公無　異能信待諸弟子　劉皇以後我一人
萬古鴻勳亂汝伍　我不豫州一真主　大業金甌新擲隋　俱是騰龍起草莽
興邦豈籍地百里　分明草昧大經營　嗟哉權詐陋唐宋　誰知赤手新開業
奮劍猶餘王九土　千古皇王誰把觀　尚矣征誅遠湯武　大明于今大漢古
鴻圖豈可視尋常　看他逐鹿舊戰場　英豪人共服洪圖　嵩嵩布衣万乘位
扃手還情一規矩　亦類識胡備辛苦　眷祐天意啟曆數　前後男兒佳[illegible]
前宵一夢創業宴　吾今賜盃付觥酹
接席龍顏好氣宇　別酌遙顕一俛俯

王孫莫唱畊田曲 撐天難藉隻手力 而來憂國一段愁 劉皇天地呂氏家
滿卧食秀尓奈何 種瓜宜故東郭向 鎮日琴歌消遣多 白馬陳盟今在那
東朝裕翟援袁冕 平生老臣恭室誠 孤忠從思效危時 功勳危局詩高著
北里驕奢成寵黨 幾夜憂愁頭欲皤 寸膠何能澄濁河 才疏頹槪支一村
懸河之舌運籌手 匡匡爵祿已多心 蚌胎五珠列左右 人散撒地占荒裳
即今朝廷難揣摩 何處饒生可銷磨 越豪千金分弟哥 堂闢華筵東迎歌
迎來送去十日飲 洋慶魏闕從難忘 方知靜居乾綠升 盈庭玉樹滿樽酒
我歌斯清我聲和 暮景桑榆堪延過 絶勝危邦鳴玉珂 可了流年如逝波
微才寡達輔危將 長歌自是甚痛哭 停杯更望北闕雲 雄談竟敵盈居相
閑退寧緣養痼疴 遣愁非醉被辭酡 身覺危患優戀 勞呂奇功不讓他

歌瑟過五子

偶

爲我向將梅九新館人州手國高
獨張紀公甫更兄辯遠殺膽十文悟

代遊井僧謝向敏中决獄

春歸古木沾恩洽　東林釋侍佛來迎
火燃寒灰殘命貫　先把偉恩笑相訖
諸天恨無洗冤雨　圓扉黑索死為隣　驚逢幸遇布衣佛　嗟、老釋魋店夕
一掬未向圓扉灑　明鑑何人辨真假　厚惠殷勤明府謝　曾值偷兒胠篋夜
寒侵旅榻客夢遲　翩、狂蝶暗偷艶　城門烈火半夜急　蒼黃瓶鉢走關風
月隱西廂人影斜　十重墻頭候虎跨　或恐池魚奇禍嫁　欲趁村翁酣夢暇
誰知急步易顛躓　偏驚綠林一陣風　瓜田納履竟見咎　沉、犴狴佛不助
黑月偉梵脚誤下　已違春風殺氣化　魚網羅鴻延悲咤　人世刀山吁可怕
深冤未得覆盆照　神明太守眼無肉　人故里舍侍連盜　分明玉石此辨析
井水雖從涸鮒借　幸覩幽囚寃与訴　吏釋饒饒歸恩赦　免作昆崙廻熾財
如非清鏡燭真贗　如來法力豈遇此　恩推獄囚蜀諸葛　堂、大和耐耽風
豈違免班脫牢撻　二天仁明今幸藉　明察民情侔黃霸　始仰明公舊祥倂

文

東郊化遠檀君亾 奇祥世誰覩麟鳳 于東是以袞衣有 吾邦諸說闢地初
久矣偏邦俗蚩蚩 野性人皆如鹿麋 遠道云來嗟父師 公未來而洒我夷
荊南久聞泰伯迹 文身被髮舊俗習 中原近聞聖人作 避氓共功一覲顏
海外未蒙唐吳治 長夜幾淹扶桑枝 九疇玄機陳彼箕 鴨水久待彼清烟
悲歎麥秀我罔僕 天傾玄社從云痛 文章(誰知大聖)復煥自請行 徽共中土礼樂風
白馬東來人是誰 聖臨青邱欣有時 不歸天東帝髮惓 可致遐邦文教隨
宗祊休歎運已去 文章復煥儕生墟 經倫詎復八條須 公冠尚呼馬亦白
我民猶恨公來遲 氣色頓增鯷岑奇 旱雨好醞三農思 已國行裝远延迎
分明左海數千里 西天一夜景星輝 村氓虛食雜笙歌 吾東責稱小(中)東華
變夷爲華其在茲 迴接東濱朝日曦 出迎于郊瞻聖儀 果驗殷師風化施

代東土父老迎父師白馬東來 弁三中

禁

真

自浩還答門是人間髭鬚勝答

識敬是我杠本物 身同子夏義肥日 蒼蒼鬚髮頓勝昔 嗟吾從扶昔何年
風浪浩江道不浬 貌異三閭憔悴辰 始講工夫能潤身 好道人間時運屯
精通天命自順天命 徒此聖學要緊工 誅丕然着美里書 身後遠裔跡難屈
物果區能盛我神 善護因山將石人 和氣長浮幽丈崮 志華好文眉不嚬
玄襟自在太和中 毯洋樂之遠瀧朝 依此座上晬和容 欲來鬚髮勝平日
瘴煙雜侵甫海瀕 厄甚宣尼困陳 發盡炅培無菌春 不見霜毛頭上銀
如何諸子惟問心 形無毯憾善處精 鬚易鬚髮美仪形 從知西域島肝石
不辭吾儕隸業淳 學勉操存磨不磷 亦隨儒之宜日新 不及吾門好道遵
當時若無學問力 中未君子如是道 年來更貴學業進 西山讀後不廢學
毯髮那能千丈續 已驗書經風動筠 正源將振洙泗濱 好學識心前後均

儉以為治奢以亡　楊皇錦繡擬花卉　幽柯百代或列王　風流帝子亦耽勝
往跡貽々戴經傳　晉帝珍裘焚玉殿　艱難千秋明一片　酒歷華堤好開宴
青雲諸客齊々會　嵯峨百尺別有物　金鰲頭上不老色　爭稱巧才獻孤媚
白日繁華處々遍　怪底青々山一面　飛在麒麟公子院　竟賀新卉進鼇忭
平生直氣一層激　田疇王慮之々高　~~華筵縱耽勝賞卉~~　華筵縱耽勝賞卉
獨有忠心不自遑　可想人間民力倦　不妨今朝言一轉　薪屋今悲饑饉荐
層峯一面峯半入雲　峯雲半濕愁淚痕　今看膏澤盡已後　偏憐白屋延々愁
斷出生靈租稅便　谷窮困孫民血賤　莫道浮華此獨擅　回首珠筵雁影羨
鈴軒咸令縱如火　勞民窮欲古所戒　今臣職責在補闕
田賦何由入諸縣　何不吾王比春々　此日寧宜袖手見

益王府宴席見假山進諫

雪洲公

馬

摹夷齊墓石刻立碣冶隱墓下

松都一唱殷墟麥 分明淸聖採薇山 移將石面數行字 前朝舊壤尚何處
誰是人間扶義者 更接先生種竹野 爲問螭頭巧摹寫 洛東江頭吉老舍
松岑白日鬢邊戴 心堅松柏謝命召 高風卓立更誰似 西山々色映金烏
栗里黃花手裡把 義辨熊魚決取捨 屈指千年此儔寡 萬古青々節一也
秋霜殺氣四字知 淸標石立碧山頭 於乎前後一般同 他山片石更摸來
孤竹淸風邑背灑 其節嵩峯首陽下 落々貞風令人惹 此起荒原亦莫儔
悲來更憶兩賢節 扶綱大節動左海 還將麗代獨潔身 龜頭片字亦相似
昔當邦家勢解瓦 戴殷貞心從子夏 較却殷郊諫叩馬 紅日昭々映山榎
山青百代石不老 蒼苔痕處字々忠 君看海東有三隱
零落荒祠風雨打 長使男兒淚如灑 壁立忠貞追吉冶

限

龍祖初成天下家 仙翁錄圖一把玩 收來桑土未雨策 雲根流血鐵鞭頭
函谷東開六國并 枉怕狂秦胡以名 反將長墉經始營 萬雉虛高徒杵群
青天高揷玉腰棟 將炳粉堞永世安 莊中野鹿曉逸綱 千尋鐵壁已無力
碧海遙跨金背鯨 誰識蕭墻奇禍萌 海內群雄爭弄兵 未際芒山雲氣晴
四看天地竟誰家 何知白帝設陰物 金湯得失問何如 春風林木占牖戶
昔日秦城今漢城 竟屬金刀炎運生 壁彼芳園維鵲鳴 自誇新巢今已成
枝頭忽送殺拜京 風林音絕占喜報 无來常物得長居 班衣却似許龍孫
巢裡翻看斑羽盈 舊樓還有催春畊 一般當年秦漢爭 黑翮還同金屏精
林巢翻作褐羽居 從知彼此探屬他 凌雲雉堞余秦何 君 長城不得救秦已
鐵墉秦為炎漢京 二者相似何分明 望裡千層無語樓 但有鳥鵲鳴嚶嚶

秦城猶鵲巢

寒

代固太守告介子廟因改寒食

楚些招魂〻可來 鴻天烈火問何年 青山恨入舊燒痕 人間火食禁〻此日
傷心萬古縣山巒 可惜君臣恩不寬 故應悲添芳艸殘 每歲烟花春色闌
齊州不見起點烟 家〻冷飯過一月 偏憐萬竈煖氣沉 人情感舊縱無限
杏粥空看盈玉盤 嗟我生民多苦酸 況復春天風雨寒〻 冷節藏烟寧不難
如今〻我欲革舊弊 先來老羸重飽煖 須看民命太殘挨 春風百五經可憐
一書敎向神明于 可堪蔬餅傳竹箪 也應英靈猶感嘆 冷食三旬難自餐
青精細飯冷三日 梨花煖醞滿金樽 佳辰自此舊習除 精灵且莫有陰誚
更把春榆新火鑽 博山香火燒薰蘭 野老村童相對歡 我今茲爲居長官
春光處〻不盡恨 蘋蘩薦羞古祠中 漢家旌美不到紀將軍
故國無人明月團 暮雲無語山嶺屼 君一般冤怨何漫〻

東

湘流不沉忠義氣 四看崔海有毅魂 精神不共死俱滅 平生烈士捧日心
萬古難騷日月同 凜然高義磨蒼穹 試見扶桑朝彩龍 玉立南朝忽有祈
衆生幾揮漢庭淚 杳接天地背上危 存孤繼托趙臣計 昭昭大節想威地
虜鞭難禦吳江東 百年王氣春烟並 蹈海能追齊士風 忽見滄波朝日紅
金輪湧出海雲間 分明香景耀人目 明輝不受一寸陰 青編俱著義烈名
彩瑞遙連霄漢中 死似夫公輪赤忠 壯氣長凌千丈虹 倫素雖傳腔肚衷
君臣大義賴未遂 忠臣之節太陽精 台鼎正笏舊風儀 昭然大明湧海門
嗟廉昭光知不辱 萬世人間長膈蒙 暘谷昇輝相貫通 慨是塵冠朝紫宮
殷臣苦節看陽青 精靈何處可掩淚 南冠誰唱正氣歌
郭子遺恨長河決 杜鵑啼在冬青義 直節史有文山翁

崔海見日出歎陸秀夫精忠

燕

鶴駕山第一洞合寺僧請出

龍堂笑喚尾眉老 人間名利跡初謝 名區勝償問如何 芙蓉秀出玉臺天

白雲遙指青嶒崚 物外優遊愁未能 為把青談於汝仍 幾向瑤臺思一升

青雲簪組解絆人 諸天是日眼色開 廬山正引謫仙興 法世一病整此身

赤松金丹嗟未遇 物外羈鬢青万層 石門堪嘆夷遲登 梵閣寥寥鳥亦過

多生果緣尚不滅 雲林縱負翫賞興 蒲團有眼亦相對 嗟吾痼病苦未除

起向仙岑愁思增 景物無從言語微 玉屑霏霏雲衲僧 能有高談情不勝

身遊洛社巖能閑 千年蒼翠萬疑泉 鳥納金帶旧遊跡 仙區物色試指點

夢入瑤臺雲半棱 玉塵揮邊光影騰 幾年鎖直趨青綾 此身長欲天風乘

蒼巒翠壁頻外簷 誰知法界伏象枕 金鉀臺上日月禪 吾師能憶此會否

玉泉銀瀑談邊隆 未遂雲山扶瘦藤 悅聽禪宮懸佛燈 別後魂夢迷伽陵

夜闌橋頭抱柱立 神機暗指磻溪雲 相看長氣拂半袖 風塵不遇長者教
先生綠玉來徐、 傲眼坐空鵝首墟 一部神書親授余 博浪金椎吾計疎
深仇未報祖龍夭 中宵與月映古橋 進場傲態便墮履 晨鷄初唱後夜會
俠氣空飄遊客袪 何處神翁未與歟 公孫箕踞吾進諸 赤舃徐飄秋月梳
千莖華髮復何思 欣然一笑暗相對 天經地緯卷中秘 堂、渭水舊秘訣
十丈青霞渾已沮 袖裡牙籤何等書 豹略龍韜篇內備 無恙藏來秦焰餘
瑤璜可姻樹洪業 秦天他日報冤計 潛機公似鬼谷老 神方幸傳百世後
足鐵何煩驚副車 一篇看來心地疎 無塞看姻司馬直 丈夫奇功逆於此
咸陽天地眼中輕 秋橋夜月授受際 香灯挑處敢而讀 書中秘符帷裡籌
緗簡青編潛卷舒 芒碭紅雲浮太虛 八年無間奇計攄 每被龍顏稱善誉

圯橋謝出腸袖中書 一齋公

卦

代梁刺客見袁盎戒備後來十書

逢人輒殺非義俠 來時白刃藏衣袖 欣然一笑露肝膽 東來刺客我爲先

荊聶輕僄我爲戒 逢處青眸說禍機 他日防身君莫懈 梁中懸金誤見賣

春宮質玦怨子沮 羞魚初計眉然失 青雲拜伍仰子西 淨嗾義氣擲劍笑

俠屈(叔蓮)唐雎安我快 大夫爲名人共話 梟行裝愧我詿 一諾堂中起向拜

危機遙指大梁西 庭前髑髏獨我心 千金遙結客咆哮 春天桑土未雨備

後來吾書氏能介 袖裡藏椎人又屆 百計將酬延睚眦 請公他時爲勉勵

耳退襄子謹趙廁 公明君子遠害智 來人未必我心同 居中聊晩善爲備

莫教專諸入吳界 梁客陰謀尚狡獪 五出潛蹤互警誡 洛下拜名幸勿壞

曾蒙高義好賢心 渾忨初擬曳手快 嘗聞在肆罵留人 當筵談笑吐心素

顧我霜鋩還愧殺 孰意翻思奇禍解 好俠西風得一派 義氣千秋吾一喟

陽

升歌見文王

出戶聞聲入室僾 玄雲怳惚繞瑤車 愀然孝思若有覩 休美陟降在帝左
神之格思何皇〻 赤舄雍容肅玉璋 於穆廟中歆頌長 一闋新章揚耿光
遺音宛帶日月輝 喤〻旅拜太室曉 鏗鏘朱瑟有遺響 中庭脩露滿眼白
逸韻渾成推琢章 孝祀恭將蘋藻〻 瀲灔黃流浮晴香 孝心悽然恭祼將
精神穆〻對越間 拜晉盈身色不忘 精爽冥陜從在天 綠衣皎潔玉瓚斝
怳疑仙軿來帝鄉 悽愴薰蒿如在傍 孺慕彷彿猶見墻 侑神斟中瞻我王
空將歌詠奏清廟 蒼梧白雲杳何許 容儀穆〻秉文德 洋〻宛若在左右
怳覩儀容垂黼裳 綏我思成心未忘 駿奔薦珩組自堂 赫〻渾如臨俯仰
朱絃空祀永言辭 皇靈有如水在地 喬陵莫道劍舄遠 冥〻惟願降陰隲
肅然閒旋悲僾霜 咫尺疑瞻朱紱煌 閟宮應臨芬苾張 祀事千秋傳無疆

先

書留侯卒年明假托神仙

金光春生、生艸 中心范蠡海中舟 分明當日假托意 瑤臺金骨本無死

一莖尚採三山顚 外面浮邱雲外鞭 靑簡編中書卒年 何意塵羈還托仙

丹書鐵券視腐鼠 看君㡳裡有餘智 狂塵劫裡保身計 商山已遠紫芝春

羽衣霓裳要蛻蟬 不是仙家眞結緣 韓醢彭菹看可憐 茂陵雅志紅樹烟

秋在鳴鴈避繒意 氷顔霜髮坐平地 神方今昧不老術 稱着白駒隙中忙

乍絶胥梁不過鉛 塵指蓬山瑤少田 嗟爾浮生如逝川 豈是靑鸞天外翩

形塵特書卒一字 三生已忽螻蛄堙 當時儒學久視術 後生穆生保形智

假意遐仙明簡編 一夢何當往鶴天 何不千齡眉壽延 故托徐公浮海船

天門咫尺九疑色 須臾天地寄蜉蝣 淸都曾托玉笙遊 千秋我讀子房傳

半宵塵中仙月懸 分外春光瑤艸蓮 穀城今看黃艸芊 惟程餘謀身命全

置

我笑李白稱酒仙 銀缸壓酒綠帘姬 相看一諾飲故路 顛狂我非酒人乎
天子呼來故不至 錦纏庇塵紫衣使 還對天墀無以爲 寔昧識心事君義
楓宸不知、有叔名 風吹柳花滿店香 壚頭午日下三竿 禹遮學士尚酒家
杏村還是賭小醉 左把金盞右玉觶 飛鞚黃門久佇合 前路相逢一笑視
趨朝已無倒衣裳 金壺玉滴報晚籌 金貂換酒即謾興 天顔俯向我來遲
滿面徒着帶醉睡 故對君前以何意 玉陛炊天有係刺 數告分明以保事
須將酒樓醉故容 應知九重憧下仁 寧將諸酒小着耻 蓬萊何處五雲起
備盃天墀陳奏地 只笑剩臣好風致 反惱炊君大罪累 十分春光眼花邃
平生事上以直道 金門此去返命地 董、春酒待、我醒 魚頭參政有時叢
今無胷中一欸字 謂我酣眠杏花肆 催拂朝衣香案侍 千載騷壇興一哂

仁和肆飲歸遇中使語以實告

慶

讀大風歌嘆漢高祖安不忘危

皇家牖戶將綢繆 基固盤石經云固 粉鄉日月帝作歌 洋洋一曲露壯心
是時春天未陰雨 念在藩屛睠爲觀 鄙遠雄圖撫九宇 大風乾坤聽金鼓
英豪才憶得頻牧 洪基四海奠泰山 風塵不動酒杯外 終宵高枕正此時
保障謀思守疆土 至治重安垂粹補 昨日南宮已偃武 獨外憂虞意何甚
危乃翻任宴安際 車輪必推坦途上 金甌一片帶傾覆 苞桑至戒撫一統
庚甲底東看可取 舟楫恒顚平水關 眷眷深憂肩宇聚 局裡危安意內數
湯心只戒墜淵冰 龍樓宵旰保邦憂 邦基雖固側牙犬 煌[illegible]人業万世壽
舜促渾忘舞干羽 要借干城外衛侮 人傑猶思帝庸師 治亂關心天下普
危城豈忽際千一 中州四面固圍謀 分明未亂制治計 憲章燦爛伯心壯
乱階還憂臨九五 安危英雄坐鎭撫 大略堂堂神聖主 千載騷册仰漢祖

紙

鷄鳴狗盜豈非豪 秋風快哂虞將村 王所倘欲致此馬 吾南豪傑等天駒
我家名駒騏北市 落日橫馳擊筑里 非有他求自隗始 不遇悲歌老將死
峯宮秋老買殘佃 吾家百金買義多 吾王左右欲置否 千金能費買死骨
骨野天晴飮牛水 幾個名騏聞而喜 若有涓人買馬是 一代終看致騄駬
看今來士等此輩 王庭死馬是臣隗 駑皇倘使萬金買 涓家故事是吾哈
十年風塵謾勞止 買致賢豪亦如彼 騏驥將看一廐視 買士吾君須念此
榮光識拂薊北天 鷄灯北市擊劍說 華道若蒙大王恩 荊榛天地養士風
驚動人間幾箇子 夜雨荒村投袂起 聞此人人來不已 破者興吾可料理
金臺百尺等是高 終此得士洗國耻
老臣言之王日唯 至今高名照青史

引消人買骨事 請先從隗始

言寺
監初次下

歷

見武亂皆坐歎周名之治 監初史

虞韶開箙皆文德 神功誰嚼侯天曲 蹲蹲廣庭止武曲 周家舞武更文治
當日治狩象韵樹 聖化人思干戚舞 分侯餘風如目覩 牧野干戈皇赫怒
清明從致甲子早 華山春草放馬後 如何寧考象武樂 彬彬文尚想武成後
氣象猶燻三代古 一戎奇功傳樂府 王振庭中文以舞 二公治功周四宇
明堂負扆仰聖儀 仁風頓變殺伐後 如於今日舞翻餘 初雖赫赫鉞旌象
陝西甘棠沾化雨 郁郁其章繼文祖 揖讓仁聲生俯俯 末乃彬彬翻羽樹
鴻功不掩足蹈際 如非賊化決人髓 依然周室兩大老 翩翩舞袖且廣張
二聖當時共化善 那得文章浮大武 死坐共間按曲譜 何似岩廟畫西鏞
千秋想象二老渲
蒼蘇兒隆等三五

嘯

星裾拾歸鬢髩霜 雲坍石老刧後塵 斑麟瑤海散花戲 碧池瑤桃幾回春
頭戴榆花淡相笑 藥爐香收夜未曉 笑指珠觀蚌月耀 法戲仙居甫年少
蛾眉理花道姑識 滄桑消息五百年 三山故路蔡經家 仙家舊戲尚在否
石影蓬砂仙女諳 狡獪娘心曾不料 手擎紅蓮笑相召 綠髮頭邊秋月照
三珠花下邂逅地 翻將雲子粒粒香 衲如碎玉更成金 劉安鍊砂太多事
藥欄緋細何術要 化作金丹箇箇妙 變化神方須刻眺 曼倩偸桃是輕剽
後天老 清宵寒月拍手笑 瓊坍石火向幾劫 着渠一着太劇戲
莫笑娘年猶未卯 括蒼山雲迷遠嶠 杖外須彌青一峭 仙籍淸名笑同調
三宵赤欄鼓醮羅 蒼山玉蟾一笑放
去路瀛洲仙鶴叫 異跡天台仙月弔

蔡經家見擲米成丹砂笑麻姑年少 監 初次上

真

泣麟

麟之爲物昭々否 三百毛虫爾爲長 爾肉不堪登彤俎 黃帝世遠誰最慶
異諸凡禽與常鱗 時來時去多靈神 胡爲見羈於虞人 成康以後多醒塵
不幸亦生三代後 人中吾亦數中有 鳳鳥不至河無圖 春秋杏壇書王正
世不謂祥人不親 河口海目今之辰 有蒡未觀西周春 秋晩征車向去律
棲々行色十二國 荊榛世界不遇歎 爾來不是古污隆 天地悽々日色薄
一合東閒竟爵氏 又見西郊傷亦麟 爾出不是四庭淳 麟乎見獲人誰珍
今世何恨甫々宜 今我一見三嘆作 爾生無乃爲聖出 斜陽東洛涯長夜
吁嗟不復扳々仁 自然有淚沾衣巾 年來吾道共將埋 瑞日西天歎滯辰
𥘵褒虞夏忽然沒 虞羅見罹豈爾殃 空谷幽蘭歲暮感 春秋不書獲麟後
見爾不憶如鹿麏 鳳歌多嘲有此身 風雨蕭々愁緖續 睠然千年興歎頻

遺

蠻娥喚侶携甃筐 春光應入義豁宅 荒原伊麥問幾人 江洲春艸五見綠
栤荔春山紅潤雨 旅魂惟在鵲山路 嶺外餘生愧傭雇 我自南來遠持墓
心懸某邱夢長圓 年年橘花楚寒食 蠻童鴂舌吾令夜 誰家雇奴水上祭
聯徘殊鄉頭欲素 松栢鄉山倍瞻慕 洗酒村村屬春暮 幾處傭兒山下赴
青山紙錢共花飛 飄零異域万死身 荒山艸没石麟卧 垂垂傭丐尚遲春
馬鬣阡邊香一炷 不掃先塋今幾度 楚澤漫淹飛鵩聚 況我清朝學士故
省楸令節拜掃勤 梨花庭畔望鄉涙 遙知芳艸北邙路 先人遺宅尚未保
愧我殘骸嶺海寓 此日春愁向誰吐 東馬青門聚如霧 每憶家鄉良涙注
中原北望倚南斗 蠻兒爲勸解憂杯 銅魚昨聞有去使 絡繹死作柳州鬼
桂嶺當前滿雲樹 永夜前村杏酪酤 多少悲懷故人訴 究恨長結羅池渡

寒食日見皂隸傭丐皆上父母墓北望長歸

語

代唐宮人送皇英二女降于嬀汭

宮錦綉娘元夫枕 良夜佳約月幾望 啼鶯喚人綉窓夢 儂年二八入宮门
顛倒雙翎不失侶 小梅花心香一莖 歷山蒼蒼在何許 是時阿娘初學語
皇情編鍾翠瓦戲 斾宵四岳奏何言 宮中催講下嫁禮 如雲威儀徒禱日
女心同歡金屋貯 帝乙歸妹鰥夫舉 吉日祥光浮渭渚 造舟芳炳叱牛所
夭桃灼灼送人路 怊怊聖意女何知 明朝藹藹上虞门 離情花近玉階宮
手把黃裳悵延佇 天子嬌癡匹夫予 頑嚚漢漫苦心緒 去路春濤雷澤墅
宮门西內晚晚駈 虞家坤化自此始 皇爺親送九重门 幽閑不愧配君子
窈窕威儀欲東趨 之子今行匹室去 虞氏觀刑將付汝 女也曾着閨裡處
春阶芳艸為誰綠 他時更唱遠別離
駐馬拜中愁不禁 斑竹千年傳二女

塔

行詩格

杏下

詩家用法如將家
或以趣兵或正師
千里(奇)勢若立極地
万夫拜如扛鼎時
玄冬樞柄轉向東
修竹前林條節奇
春江一棹遇順風
無限烟波隨處宜
詩如到此可為工
指示迷程應此詩

依微影子月露假
隱映精神鉛墨施
低回雨龍欲轉身
變化其端誰得知
將鉗猛虎暗伏弩
欲釣遊魚潛理絲
漸(悠)肬迷處更掉尾
或泳于川時躍池

夾峯秋隼忽搏危
飛下平蕪隻翮垂
銅仙赤脚戴金盤
屹立雲霄承露滋
忌能風姻(千里)等堪樂
到頭明堂知在奺
千層搨勢力更着
九仞山頭功不虧
走者飛者皆天機

天開地闢太初世
帝伯皇王先占基
庖丁利刀導竅解
扁鵲神方隨疾醫
登來實地涑水翁
障去狂瀾韓退之
虎端起〻伏〻勢力
餘地恢〻能有為
洪流發源盖自此
木固無根方茂枝

極

白源山見邵堯夫燈下危坐歎養得至靜

程氏每勸人靜坐 嘗涵霽月西落容 空山萬籟響自寂 多年亦窩坐焚香
存養之夫已深省 思入先天玄妙境 整襟閒翁孤燭來 已識先生心界靜
宵中浩浩夜氣長 窮冬不炉夏不扇 寒寒獨入白源山 儀容儼若膝復欽
身上乾乾夕惕警 收斂神功省察猛 半窓寒梅灯影射 氣象蕭壯冠獨整
幽暗界裡繫遊騎 清明氣有養昧宵宵 凝眸之色淡幽態 身將老禪坐寂寂
玄默回頭涵萬景 莊敬存無忘忽須 靜養心中得要領 志在天君喚惺惺

我藥苦無安身劑 朝端衆讒百吉甫 茶烟欲歇客不來 黃扉老臣苦囊々
向來風波已積傷 嶺外生涯一韓康 歧伯遺編携在床 欲試明廷醫國方
靈均豈憂蕙蘭佩 營心忽忌病後藥 人方北厥絜麻衣 駭機觸處蜮射影
狄公徒求參朮良 禍祟駸々陰剝陽 客又南州搴蕙芳 禍色々時蟬捕螳
呶々吠日豈蜀犬 村門塞斷以外事 思將大汝伐竹計 青囊一訣坐細抄
可怕詩人毋屬墻 有何餘謀能括囊 暗付神農鞭艸嘗 門掩秋風橘橘鄉
臟心毒藥捨巴豆
養性奇材抄桂薑

謫居忠州閉門鈔藥方

金屋佳對眞邢氏 雲中君降肅然風 之人可望不可親 延涼昨夜夢夫人
環佩何山月下面 返魂香動淒涼殿 竹宮君王空春戀 夢不分明如不見
甘泉畫裡喚不顧 三時悄坐祝靈壇 潛迎英偸得幻骨法 延年曲裡昔相遇
落葉詞中歸似電 六宮青娥愁不盻 咒送瑤臺雲一片 方士炉中今更現
華灯隱在碧紗帳 莊嚴認是舊時樣 回身宛轉乍欲進 將前未前冷淡意
月貌天然未眩轉 意態何邊今未变 俛首低迴還復倦 不似西清間夜宴
盈、咫尺弱水長 終得一步重如山 娥眉八字画未了 如何今作後、態
難借瑤臺青鳥使 誰爾纖腰輕似鶯 憶昔催呼登別院 有知無知徒婉嬿
雲間明月井底星 瀟湘六憶望神女 鍾山誰進藻夢中 來不來人忽、去
未慰秋風天子眷 辟埳千重隔仙媛 又得靈香留一線 絲雲初收金雀扇

帳中望見李夫人嘆姍、來遲

楓南

先

沉船

一渡吳江不復渡
舟橫盡日吳江邊
三軍精彩上將新
千里咸拜恒岱連
臨危各懷鳥獸散
當敵誰膽馬首先
橫戈躍馬去後路
只許空江波接天
何曾開路以可生汝
所以明吾殊死前
長河判與勝敗局 成 機
萬艫駢將生死權
平沙万幕聽約束
行不成功建不旋
明知河上百尺纜
句引男兒歸思牽
誰能可掬舟中指
我欲渾忘磯上筌
邯鄲捷後即咸陽
謂上千帆迎我懸
艅艎忽如晋辟沉
笑指叢臺高着鞭
聽取顧後一条路
尚有橫江千丈舷
無寧斷去登樓梯
解使吾軍心志堅
戕舟發梁計未步
置死圖生兵法詮
誰家船泊淺水邊
十二諸侯空可憐
英雄勝敗此去路
漸識初心未渡船
閼金壯士退步易
棄甲將軍故路便
黃龍青雀滿江舳
斷送洙、驪睡淵
臨河破釜示此意
半菽軍粮三日烟
君看鉅鹿得意戰
至今耀人龍門編

楚柁吳檣百丈牽 囉嗊曲中爭得鳥 有錢盈篋趺應遅 衆是風波為從宅
金陵夜泊水如天 茶鹽叢裡擬昇仙 對客桃燈蝶不翻 喜隨泉貨不安眠
吳羅蜀錦輸無盡 聽向神祁賽未返 烏檣遲遲思專利 白屋誰堆金谷萬
西玉南金業總遷 朝辭白帝暮何邊 鵓眼翩翩滿載船 青絲擬貫水衡千
陶朱事業何難致 楓葉荻花秋颯然 船頭倚枕多商度 傾篚運籌聊復爾
金埒繁華也獨專 東船西舫夜蒼然 逢閭燈試貫穿 排門入匱豈难焉
全身擬化揚州鶴 思入緡庵雅着瞻 眺着灯下牙籌細 剛喜篋藏稱的的
得意誰忘內府釜 竊從銖兩更垂涎 一任江中月色娟 不教人笑腹便便
漁歌暮落從他適 心上經綸消夜夜 不辭孫枕終宵輾 乾沒貫兒猶若此
鴟夢晴沙謾自圓 船中生長樂年年 更着孤帆拂曙懸 孜孜為義合同傳

夜夜笑錢眠獨遲

應製
御考 三上

代孟浩然夜歸鹿門　更試三上

苕霅間多棲隱地　白鹿仙翁去不返　灞橋騎驢者誰子　不才曾爲明主棄
牛女之墟明少微　鹿公舊居々人稀　自言天脫其馬鞿　南山弊廬何年歸
端居本自恥聖明　疎雨梧桐肩潁山　琅琊以南會稽北　禮拜瑣憂逸梁渡
浪跡飄然甘息機　世事何論與心違　乘興處々停驂騑　忽誇吾行春水肥
蒼茫指點烟樹處　與行留看月皎々　過從曾聞處士虎　山行真與古人歸
漁翁下開門扉　遺香近襲芳菲々　提攜兜對先生徽　衡門之下可忘饑
移家近卜鏡水濟　蓬迷前路問征夫　不怕身隨蒼耳林　風吹客衣舟搖々
遂初熒拂天台衣　悲鷁沙鷗背人飛　留春夜火遙借輝　樹影山路雲依々
壯觀休說岳陽城　夜宿松月客子吟　鹿皮之冠女蘿裳　他時更訪鹿門下
清風悅入嚴陵磯　到此不覺詩轂揮　不羨東華衣着緋　摩詰同收是是非

會心處憶會心人 老夫亦遍東南勝 古人尚矣難可見 變化氣質東萊子
異哉人情觸境殊 注、古人來起吾 今之君子云誰乎 篤實好學淸江儒
陸氏兄弟姿最美 四賢會合那易得 德業風流夙所欽 掛牌東拂吾豈敢
可惜些些兒氣伊蒲 偶然相遇鵝之湖 江山詩月來相娛 胡呌大拍炯鑪爐
靈芝餞後還歎別 廬山之下一官閒 上嵐山水幾相訪 眼前佳景豈不遣
舊遊落落遊名區 五老峯色當庭隅 漱玉亭臺亦不孤 意中之人難可呼
人生少有可意事 聽蟬尚有懷高風 伯恭持養吾所師 江西氣象近如何
勝遊那得必須臾 況乃江山同友于 靜春書札情所行 廬望回頭如轉樞
二三豪俊常在念 蓮花峯下淸絕處 太極堂成近何年 季勸措置白鹿洞
暮景離索嗟吾徒 使我佇立空踟躕 光風霽月無時無 安得若人來相俱

南豈 遂權旌 竹亦 限在 被懷 美人

三下

勝處輒念鵝湖約 三試 三中

庚

萬里可横行 應製

十韻律[illegible]

房家駿馬是房精 郭氏御花[illegible]軍旅用

月靡西來落日爭 胡公周駿[illegible]信馬書名

長楸躞蹀誰相数 萬里遥瞻[illegible]頓蘭璋

皇櫪僂閒足不平 十年多[illegible]斫吐蕃營

騰驤擬掣嘶雲驥 見爾不[illegible]

蹴踏思聞捲旆旌 書生亦欲請長纓

棱

泰山之觀川上歎 冲漠元氣已占檢 臨流瞻峙兩般態 先天後天一圈子
仲尼先我存游藝 斡旋玄機類吾看 圖外圖中相發影 殷理陰陽惟動靜
千門萬戶圖鬥中 句圓至象得於畫 慘舒一理悟何處 山能艮止萬古峙
月窟天根未注項 發揮神功俱妙境 指點江山回淑景 水若乾行晝夜騁
凝然之色淡然態 蒼蒼岳遺太和春 流行坎止二氣分 真山西水較以看
理在其中形氣從 混混波涵秋月冷 照我丹青何炳炳 對處悠然閑眉領
吾圖元是一太極 清光寶鏡掛高臺 相看終日兩不厭 閒中意味一般清
道在頭頭如日晒 淡若星明無古井 使我翻然如喚醒 至妙探來道心炯
南遊子長不解趣 乾三地二體勢大 玄妙此理向誰說 歸來更玩花草春
得一文章渠亦幸 羲聖遺書存甫蹟 仰淳未時樸自整 倚杖漫溪春晝永

太極圖成後臨水看山驗箇中動靜 袖珍

敬

代華封人請祝聖人

家以四海民視子　平均樹老子孫枝　彤庭白馬移臨下　華封日月太平世
茅宮化日懸如鏡　蒼塔春回星結柄　獻祝嵩呼誠有敬　久仰堯中天子聖
休哉至治被四表　淳風野老復國識　純衣聖人近有事　恩渥部屋赤子近
蕩乎難名歌百姓　幾願彤廷祈祝命　行出東封驗仁政　家近春衢華路淨
思將小民願戴誠　春盤野味獻芹餘　南山北斗頌祝騰　十倉紅腐請如囷
仰吞明君治法令　再拜街頭歌一詠　百子千孫承繼歲　殷富皇家遐福位
稱觥且進太和春　歡騰對域享遐齡　天顏咫尺祝語多　康衢張亦長財喜
佛坐華筵顏髮映　喜溢門庭綿積慶　出自愚民本情性　解愠歌中風不競
將倌天下小二女　無疆景福祝我皇
繼至神孫修道正　玉錄綿綿千載謹

老天擊劍多秋聲 神機月入庭畔樹 虛堂半夜颯々響 悲歌易水悵慨餘
寒光迴射直南虹 俠氣秋生江上楓 起前寒窓灯影紅 亦一如翁壯士風
英才常憶激忠憤 天時無奈衝江湖 秋灯驚起蜀山夜 風塵起處化造湯
國事多艱增悒忡 運望神功經濟東 太乙兵書看未窮 何處秋聲庭樹來
颼颼響自薊之北 淨倚悅似慶卿來 孤燈直帝劍歌激 殲秦一策能料理
颯爽吹來山以東 舊白山窓聞亦聽 碣石精神今夜中 當憤平生感國是
風聲俠氣已曾聞 蓬々起處影子回 聆其聲也憶其人 艱虞正值宋末葉
昔子雄心今我同 要々吹時奇氣通 獨對虛窓霜髮翁 都由奇謀吾亦雄
中宵不寢聞瀝聲 三分風也七分神 因成秦蜀愛漢臣 我肚讀罷一部書
竹院寥々秋入桐 響落寒山々空 帝在遼城漫未衍 大計中原輸我功

窮山秋夜讀兵書聞入窓風聲歎慶卿精神在此

文

論李文靖立法歎如老醫用藥

少年疾病成因並 調元人自主獨秉 台鼎老臣法無失 多年經變等九折
元聖當年亦善醫 處方誰能參朮持 公與良醫較看之 德望朝家三世師
金丹已成壽民方 調梅玉鼎視藥餌 之人法度得自何 千方試處不敢術
粱肉還為治國規 慣是權衡隨手為 醫老宜門投劑本 百病往來能善治
從來不至殺人境 今將彼宜妙術全 治民攻疾處撥術 良方純亂病根除
老亂其窮功可知 還教於以神法施 異體同功俱得宜 聖度平鋪邦脈支
看君用法等用藥 扶元峻制換巴豆 和句留石視青囊 朝家日進水旱劑
十全其功無一遺 解病神功調米芝 醫國宜民勤擬思 君疾治規惟在茲
醫師不過一小技 神方未試九轉丹 君 呂公以疾命朝廷
豈使種民天下疵 白雲蒼積公亦隨 藥石良言知若誰
忠

騂牛昨薦先王廟 殊非西旅獻獒若 登廷瑞鳥白其羽 休徵蓋見聖明時
執贄人亦今未止 是豈南蛮貢雒似 礼薦靈宮臣拜跪 而越何山生一雉
推來禹績若歆化 人間無物不從化 滄溟消息使車馳 黃花行色上國賓
備得湯仁及禽獸羨 垂裳諸謨在冲子 贊以華虫來萬里 白羽祥光南越雉
蒼姬天地致是禽 奇祥不敢自有之 先王駿德不可忘 祥禽爲薦告祠屋
歷代奇徵無所比 烏兮奴宜清廟祀 嗣皇鳴休乃有此 弄以朱絃頌祥起
定是駿奔致明禋 蜂騣三世聖人作 禽四是日越山青 明時雉亦見德輝
庶幾皇靈臨咫尺 鳳鳴昭感育禋 鳳鳴先朝岐岫時 可驗蛮翁於変喜
行人敢越贈何物 茲禽何異白魚祥 於休於烈繼神孫
南國嚮風一章以 應復皇靈降福祉 又是朝家麟趾

得越裳白雉薦宗廟

嵩

代樵客聞漢姓名改秦衣服

雲中犬吠隹面客　山童擁箒淨掃榻　人間消息客來傳　風塵逃避入山日十
薜蘿鶩洪紅塵飛　仙女投梭帖下機　綈絡新成裝束褌　人是秦人衣舊衣
衣冠夢斷綠樹天　身還艸服尚不脫　何來樵子葛衣白　仙翁倒着綠蘿冠
杖屨行尋青竹扉　山裡優遊無是非　薄暮西臨烟水亂　俗客近來春釣磯
布衣爭向世外事　嬴皇天下舊制冠盡　青簑老翁隔溪語　仙砧爭發日下村
萬國諸侯今漢歸　劉氏朝端新綈緋　始教山妻刀尺揮　擣衣秋聲奧入帷
家々此夜寂々縫　浣裳仍拂紫巖溫　婆娑野服笑相誇　南殺四皓亦漢臣
新製衣々成身上圍　羽衣新照紅雨霏　樵客相呼臨夕暉　巾服羞歸紫閣
爭稱今日赤帝尊　櫻花亦如漢幟色　幾番武陵出上客　隨君偏復出塵闈
却笑當年金屋威　夜開千家春正藩　茉々春山青蔽蔽　共待人馬路轉肥

首

星可 依收 中有 秋志 典縣 一褒 間成

兒子尚鮮周貧交 根傳一氣無厚薄 嗟吾宗責以先德
麥舟曾借曼卿舉 花發千枝異榮悴 一門雍雍和衆思 愧乏寒門敦睦義
難追張氏九世同 貧家契活立錐無 千金不惜買良田 平泉寧作后孫計
未謀楊家百口饋 他或言飢全有淚 別般經綸吾下置 僻巷非爲一家事。
可分排每歲出入數 區區未必較親疎 宗中長者可爲主 孟常一念賑宗族 上
宗爲諸宗周恤地 以祖看之同一致 無至於爭即余意 豈曰能賢繼先志
同心不有彼此關 好惟須合彼須服 凡民有飢尚可哀 如好足以賑族無
一體元無遠近異 庶免他時憂並至 一門無依寧從視 撫念吾先還誨泗
家中無事歲又豐 諸君鄙無賑飢者 如將欲慶一心共 吾家清儉即世傳
樽酒相歡亦好誼 無余從前貧一字 餘事人間卿相位 奪祿年來還有愧
姑蘇城外置義庄百畝以賑貧族 東川

馬

詔却千里馬

穆王八駿猶多事　金刀天地二叢帝　山高水清此世界　先王昔以定中國
周流獨行天之下　三代文治意有雅　噴玉神駒安用也　八年山河功一馬
秦皇事了逐鹿陽　功成不可馬上治　都來閶闔忽生風　其心必欲臣駿骨
周室時囬放牛野　小子惟求鑄陶冶　有人來呈千里踝　遠道駈馳珠汗赭
心同西土納獒類　看今海内屬升平　三軍可到半百里　黃塵不動海波晏
非南方献雉者　屬車鸞旗前後且　六龍直抵前一合　時刈華功全勒捨
仁風只可效聖代　人間我豈玩物主　兵車已歇万里州　修文偃武此乾坤
逸足空須騁華夏　壽蹤來時辨真假　日月初高長廊廈　豈欲駈〻玉勒把
誰將至治勉先后　齒〻寰宇太平象　千金我欲買省市
㭊言當年何陸賈　馬着南山青倒算　安得英才請宗社

原

眼中之人皆髯婦 風生海岱義師騰 人雖頑昧事即壯 斯人初不識何如
仙李山河一士英 拜違金門天子驚 帶笑天顔和氣生 任他東州治郡城
君當下邑守皐陵 山崩潮退二十年 東來消息出夢寐 孤臣當敵尚扶忠
等閒平時拜佃輕 一介寒氷飄義聲 懷昧真卿先唱兵 隻手擎天能著誠
星離雲散此世界 天門不曾識其像 丹青初未一省識 形雖平日認未識
一郡風拜生八紘 何許秋甍扶義名 畫日曾無三接遊 事自危時獨能成
軒軒七尺彼何狀 黃河以北得此人 軍拜一路似許壯 從前未曾陽顏色
板蕩乾坤新備卿 目下諸臣者不盈 顔軛中庭何等情 不意如今忠獨貞
常山討伐又何人 雲臺他日欲畫像
一門丹忱因弟兄 佇待三庫收西京

聞顔真卿畫像 起英 討賊歎不識何狀人

誓

封徵侯諸將誓黃河泰山

同功一體凡幾人 金刀天地丕大業 空況春酒帶礪盟 終南渭水納業後

清水南山日月齊 鈇春風雲長久許 岱宗黃河含笑睇 志在君臣保永契

艱危協力共八年 侯王大小次第論 傳同磐石堂云固 山中泰山衣中河

留資相傳姻百五 不是長常定功例 安知苞桑猶易替 天壤中間長遠勢

遺家匯百代自在形 人間長大莫如此 看他巨流細如帶 共間甲子幾萬年

設示千年不盡班 不妨今朝指為誓 睠彼南峯夾似礪 世世尊保臣共帶

劉家天子漢廷侯 沙崩石堆幾許劫 長如彼河享福祿 銅盤白馬桃左契

一例河山素苗裔 雨洗風磨不知歲 久似如山傳世系 歲歲同傳千百連

如如廷以禮久否 四看泰帝可憐許 他時高祖竟食言

此言非虛天必諱 對山殘流無盡涕 冤侯斑斑幾個袂

我向雙廟知雙節 何心怕死許公志 蘭培花筆可堪笑 同功一體二將軍
于嵩尚說雖烈戰 等是殉國張巡見 也應泉達冤淚殘 事宜當年雙立傳
俱將孤楪死生心 春秋傳裡可並列 如何李氏紀事筆 翻將大節判彼此
同是危場忠義應 斧鉞場中无不變 獨爲張公忠烈遜 要以孤忠辨後先
能免辨充一般義 嗟哉後人所見過 昭然此事有公議 忠猶烈烈白刃劍
惜乎其人終偏卷 不爲前賢提說遍 均是男兒心一片 筆獨寥寥形筆硯
生同辨義死異跡 丹山鳳落彩筮秘 當時立節豈全美 丹青非是爾我殊
水底埋白江淮縣 碧海珠沉光不現 兩家阿郎可知淺 青簡胡將前後下
書中亦漏睢陽事 吾將是事記前末
護叔中丞功獨擅 悵望南淮徒眷眷

作張中丞傳後叙歎不爲許遠立傳

功

關中召諸縣老父約法三章

仁政最先惟寬典 民情甘澍旱餘雨 村々老々人賀新法 嬴舊法太煩瑣
來時受命吾懷王 我意春功冬後長 藹盎關中和氣昌 老父難堪三尺章
紛如繭繹世俗悍 關君約束季如守 春風赤幟入關日 極民水火丈夫事
密若牛毛人盡傷 五月秦中飛凄霜 時賦害寬同四方 改令咸功都主張
今當殿后命華夏 青春擊鼓會諸老 人間最重殺生罪 從來大辜此為首
誹無關家改反關 何等三章論細詳 天下維家姦宄強 餘外衍々除去枇
家々白髮哉無犯 金刀瑞日照萬方 風拜四海屬寬仁 今來豈負老將言
傳子傳孫銘不忘 許多煩文新皮場 盡政千村明紀綱 我心質彼天蒼々
春從不去渭水功 關東牛酒竟相賀
保障常繞芒山崗 白日照於春花々

祇

公心炳如東海月 有身羞立秦天下 先生不知何許人 山東千里但聞名
昨夜流照漳河水 有舌解尊周天子 始謂齊東一庸士 百年家臨滄海涘
尊秦消息趙勝餒 扶綱大義挽傾圮 周天日月獨戴來 翻然使我失初意
一士東來語何似 排虜而談偉一技 不欲風塵半後恥 未料阿連乃如此
王風蔓草尚不委 撐前直筆魯春秋 今天下之海之內 肇天正義影是重
一語凛凛千國靡 神裡黃箱周史記 第一奇男子甚是 超世高名山斗峙
橫流邪說此世界 平生不讀一秦字 横秋士氣凛如霜 東南天地子獨高
大義尊周今見始 前路東海聊遠指 醉鵝西天光半死 一世滔滔含笑視
如公可謂世間出 吾今不復帝秦說
不是尋常俗士耳 再拜從前雙膝跪

邯鄲見魯仲連說先生天下士 耕軒

紙

送董邵南觀燕趙市

嗟哉故人董邵南 斜陽去馬蕭條下 燕趙古稱多悲歌 奇偉磊落節義客
天地亦一奇男子 前路寒風易水渓 不遇於世隱於市 酣戲淋漓酒氣使
漳河薊門許大地 人間落魄古今同 將中英試濟世才 歸裝滿帶不平色
幾箇男兒虛老死 董子屢非渡衛水 天下難逢知己士 趙北魯南何處是
知君此去必有合 高人隱跡屠狗村 聊知豪俠盡如在 今之市亦古之市
從古屠雲麾市裡 豪士藏名推博望 所遇分明隨處視 世應豪情同一揆
瑚纓短衣傑驁輩 共人盡是酒人乎 蕭條異代不同時 常山以北碣石南
吾子從遊無過此 醉後常着荊慶七 俠氣如今果何似 之子之行豈得已
今行來須勉乎哉 其言蓋是慨世意
豈無他時出而仕 使我千秋一嘆起

我愛子駒如愛子 露葭起與懷伊人 一束生蒭人如玉 靃羅振翮一般然
非愛其駒愛子乎 繼衣托詠留司徒 我有嘉賓來白駒 信宿於吾無斁兮
賓從鳴鹿亦未央 心存考槃逸興長 荊門逸避涉水遠 中心喜子未認誌
又何征駒山一隅 身伴冥鴻故影孤 浩然皈心催僕夫 我將何辭回去軥
皎駒尚縶捨我地 春田一路作空谷 庭前又有繫馬樹 心爲愛矣款其留
去意匪無入山速 露藿勦成趾束芻 子兮無來何詔徂 其子何妨今夕娛
青場藿我豈惜 吾家康祿不爲貧 川山間之白雲侔 吾無金玉遺音聞
樂意中堂琴瑟俱 白駒今朝重其奴 子將何收無所驅 我思悠悠如彼湖
於爲維縶蓋有托 萬寫余讀小雅篇
所懷伊人山澤癯 畢作千秋共一吁
作白駒詩留贐者

歌

潭州席上見舞柘枝速命更衣

太守東閣多名妓 妙舞淸歌口氤氳 就中一妹顔色悽 雖把柘枝成一曲
紅顔二八如花面 未啓翠着情態嬌 背人愁惱不回眄 郞當舞袖誰家嬡
賜座紅氍問其故 自言妾是公 女 十三學舞無不爲 十六紅顔世無雙
蓮珠淚落桃花扇 養在花月深深院 儘逐西眉雙蛾轉 漢代金吾佳耦棣
蘭閨一夜東風惡 萬事傷心妾命薄 中年飄泊身無托 使君有命豈敢違
吹落墻花飛片片 東飛白勞西飛鷰 誤落慈州教坊選 翠袖偉強春風倦
聞汝此言我有感 流落誰知名父子 可憐風儀殊凡不 輕身誤學娼家女
繡閣不卯今宵宴 市門刺衢人皆賤 歌舞着作才人衒 感淚不覺羅裙浅
速令客前更舞衣 豈意當日左司女
中堂近見夫人見 善才之列今後先

真

亳州晬席獻范蠡五湖圖

小子不敢南山觶　鍾彌郎堪異日愁　却憶當時范相國　千鍾萬駟視脫屣
十五月滿當大衢　門闌已極今時娛　扁舟勇退浮五湖　物外超然安一軀
吾家叔父地位高　高名已鑄越王像　懸弧舊甲屬重四　圖成南極家眉獻
七十淳深上大夫　邀獨猶遲滄海途　樽酒中堂歡娛俱　將祝高陵諸子趨
匹匹兒侄別有懷　千秋范蠡五湖跡　清湖浪靜水雲閑　功成身退是高
不是尋常祈福胡　畫盡生綃一幅圖　浮世尊榮春夢孫　畫意丁寧綢日晡
人間達尊我大阮　錢公席上出關圖　塵間尊貴已云極　鴟夷往事即此事
高躅今宜伴陶朱　所見分明先獲吾　世外閒情應正須　湖上何妨朝暮呼
蒼茫西裡寫深意　終豈杭中乞骸歸
座上諸賢知也無　使我千秋興一嘖

冬

雲從龍

天地養氣皆相感 先流太虛一点瑞 雲於龍也即類也 無心出峀或潛閑
一理鼓出造化鍾 跡超凡鱗三百宗 九五升時風共衡 上下分形雲共龍
英發遠繞觸石氣 三山屹若七澤深 雲龍知是一種類 相求相應自然理
蜿蟠潛藏行雨踪 二者猶雖形影從 化工洪爐同鑄鎔 何處淋漓交感通
崢嶸頭角彰在天 油然作處異如也 龍來是雲化可施 青山碧海往來間
時則三春方作農 忽復東西共彩彤 雲逐妙龍氣亦濃 万象森羅橫復縱
俄看異氣以御天 相隨之處氣味同 揚時還作有意隨 乘雲万里詭怪蹤
更覩祥光方出峯 感應神功多變窮 躍處元非見首凶 百靈爭趨黃道封
偃揚影子繞五彩 君臣際會亦類是
変化神機升九重 一臺都命時化雍

墨帳示子孫

中麓

緇帷涅緇爲書帷　未知墨帳自眂墨　床前出視子若孫　吾昔初來羅作帷
綺帳梁綺爲講帳　我家墨其青氈傍　甫父勤學吾知狀　先舅儉素、嚴詩譏
易以布幔便防蚊　終日咿唔日不足　幾年退之焚膏油　短檠踈懶共親近
夫子甥掛書堂上　繼之長夜燈前向　積歲天祿燃藜杖　烟煤衝梁如烏樣
城門撤堂兩馬力　一辭書幌上玉堂　膝下兒孫解讀書　孟母斷機何嘗知
墨比見緣應惱帳　而我收之爲寶藏　勿以兒心喜放浪　東生拾螢俾相忽
愛、欲教、勿衒　箱中帳頂試拂拭　是汝家君書室具　蘊藉可知五更明
當以家學爲姻望　墨煤如漆光揮放　灯烟舊迹今無恙　舊帷何嘗敢一夜曠
甫輩家門火傳薪　課、篋裡數幅帳　且因覺殘此道明　千秋我愛范家寶
經訓留傳且勉彊　奚啻黃金滿籯貺　須作爲柯其志尚　却笑他人才錦步幛

辰

手植三槐語吾子孫必有為三公者

仙姑贈我榴房著 生庭可愛謝家蘭 兒孫昌貴執左契 朝廷儀式按周禮
秋露紅光映三台 作美庭頂殷室梅 何等庭前嘉樹栽 位高三公三面槐
雲也翠柯兩露徧 共人最稚此庭居 吾家餘慶鳳雛多 天教石麟吉夢叶
縣列花磚班次辨 樹木猶為人記憶 大廈分明棟樑材 世值金華休運回
于公門戶可高大 袁翁先監欲志喜 三株列植似種德 清陰庭畔十年許
駟馬軺車他自來 九棘青槐移栽枝 數尺方生如保拔 要待朱門桃李開
真同高樹早應李 吾身雖未做大官 煌煌手植等甘棠 長條欝欝賓鴻達
應見金甌新卜雀 必有兒孫應輔諺 蔽芾階前應不摧 密葉蒼蒼棲鳳媒
元來形氣從根柢 將教樹下講詩禮 金魚玉帶退委蛇 三槐王氏世皆仰
何況吾孫志孝哉 怡養諸恣廊庭才 飛葉茂枝彩彩細 蘊栽作銘又瓊瑰

漢祖解衣韓賜袴 君臣一體朕意注 通天寶帶賜汝度 西藩倔强不庭拔
俱是恩光出格外 士卒同袍軍務大 勳哉今行遂生蔡 憑恃江淮水一帶
新承寶曆偶育發 群臣皆出苟且計 三方調發百萬師 明行賞罰敢有違
共議天誅同升會 相度同心予寔賴 宜慰良才汝為最 細察飢寒庶無盖
南征吉日卜庚申 今行何以錫光華 靈通紫爵九万層 皇家久作鎮国宝
既攻兵車張綉繪 我帶文犀瑞氣藹 色襯黃袍十二繪 不唐南金共大貝
知君此行體朕志 光生江漢衆具瞻 煌煌蕲斧麾衛卒 逶迤緩帶入蔡日
賜帶殊恩不爲太 感動邊陲虜遠脫 罷錫使蕃恩雨需 楚今妖氣自然僵
群黎懷德豈延咨 誅殘救暴倚君重 三朝廊廟望已着 平淮碑上記公德
諸將知威無玩愒 賊首何時懸白旆 一片忠丹盡無余 如帶黃河如礪泰

賜通天御帶送裴度視師

文

有神人降于太白山檀木下國人立而爲君

乾以稱父坤稱母　丹黃日月泰運開　推尊左海作民主　扶桑以東歸度俗
百神護駕來繽紛　紅檀山河邦籙分　檀爲君十姓欣　凡有好民無是君
山川未鑿混沌竅　天開地闢幾万歲　青ゝ柳木白太顚　箕躔初降二五精
人物並成麋鹿群　貴賤文章初不開　忽有神人乘彩雲　淮水新清千一賓
天生大人首庶物　民無遠近龍如日　侯封部邑號后稷　吾東豈可獨無主
其質聰明其德文　萬口同辭相告云　帝臨平陽名放勳　推戴好人宜服勤
時維戊辰作元年　龍袍紫以好東綸　君維出令布敎化　宮門朝見寺人令
地是平壤通八垠　五色成章蘭麝薰　民自治生勤耨耘　濟ゝ朝儀官有員
朝鮮二字立國號　傳聞夏禹會塗山　君乎牧乎等威別　茲此同國峰人紀
蓋取暘谷初出昕　遣子扶婁雖□纏　德化渾如醇酒醲　東史万古垂清芬

遇

不如因義遇之

将軍學有萬人敵 将軍叱令千金鋏 将軍有此好氣勢 今夜爲見張良去
沛公殘命輕鴻羽 沛公殘兵拉朽樹 神武不殺當先務 昔被刈郎以禮遇
殷勤奉卮約婚姻 秋毫不犯入秦後 封關本欲備他盜 有言有理我曰諾
明白挑燈說事故 日望烏騅淸渭渡 不意奸人此誣訴 敢對重瞳傳語具
重瞳意下問如何 殺一無辜猶不祥 遇慮休能老老增 彼必明朝早來謝
且以蒭莞一言吐 欲擊有功寧非謀 癡氣難任梟雄帅 但當欣然不當怒
如浥春酒玉賓從 嫌疑往事水虛空 函關先破大勲勞 嚴霜若變作春風
顚倒淋漓優禮款 兄弟亦盟金石固 好言吹唾許獨步 惶恐含恩自歸附
親惟諸父義則 臣 寧教血腥劍戟詔 元來王道不嗜 殺 莊也舞劍伯也蔽
判不爲劉陰欲護 匹馬微情山木賦 須擔男兒小數度 又借龍枝生去路

黶

左股有七十二黑子

帝王相異常人殊 日月星辰併重瞳 堯眉八彩有後孫 托胎人間劉太公
感應天文或地數 河漢江淮文四乳 沛上村舍生真主 天上赤帝為其父
赤帝於是(時)屬維夏 借問其日凡幾日 個中成數七十二 帝省劉郎降灵符
火德用事朱明府 三月九旬長長午 季朔雙九啟之上 黶子森羅當左股
左是陽明應尊顯 百脉之中必於此 加倍羲皇六六宮 成終成始夏之日
股宜行步中規矩 厥數幾何班班觀 添倩明堂八八舞 點點文章股上聚
玲瓏星子放光輝 青衣小兒太辰史 莊村鬼母告宜識 咸陽道墨雙脚
散作芒山雲彩五 向者天衢紅日賭 單父神翁徵相講 玩弄秦皇以手摸
其顔龍也準又隆 縱横參錯八九痣 同時三傑作肱股 秦原逐鹿我今爭
骨相元來稟神武 白帝山河先熖吐 八年無敵行區宇 疾延終着馬上取

卦

市上駑駘空多肉 何必春麝落臍香 消今駿馬及骨髓 共生也駿死亦駿
昔價彷彿錢駔駿 古筵蒼色留甲敗 學伯估之曾不怪 骨不得常待賣矣
駿惟神物必有合 斜陽古市日肆几 何來一客眼無肉 無論死後一尺朽
骼是良工所未盡 掉臂人人如視芥 白璧如山布索解 只後當時千金快
分明詔求異於人 君心足以潤枯朽 如何此骨艸同朽腐 寒烟衰艸賣骨店
枯骨看如珠汗洒 我佃初非不虛介 幸有風塵高眼掛 房病精神奔蒼界
人皆棄處獨能取 良駿雖死亦高価 人間太遲伯樂顧 猶看瘦骨已霜白
馬在生時何不屈 著化江湖凡馬隱 奇骼若逢知者認 何況神跡如虛遠
懷中半千尚餘金 山東千里賣駿髦
求駿誰家留病債 我尚金枕與一喟

賣駿骨 魯菴

卦

曬腹中書

天孫手擺雲錦裳 倚風飄褌那免俗 佳夜勝事腹不負 栲坦我腹大於車
秋仍曝之銀河界、梅霉(雨)侵棚不毬揀 向仍書生卧一介 中有其書曾未晒
青天一紙僞雜畫 便、十圍貯萬卷 書樓一夕落梧葉 高懸日中映鳥彩
白水方漲藏不隘 屋漏烟薰哥、哉 晒衣家、錦綉掛 微動風前防蠹敗
蚩眠習仍國華彩 儒冠百年顧何有 吾家長物不以衣 刻厚不渴腹囊艸
午暴千村生色畫 如此良辰堪負債 有腹皤、無此邁 爛簡塵添淸海派
無序今日強隨俗 鼾肚四大仰天卧 形同河鱉曝背眠 街兒壚姬笑捧腹
晒我藏書亦一快 半幅鵝衣身上解 快覺村兒乞巧拜 異事村閭相供一話
腸四一重又一掩 淸渠綿、肚爰縮入 其中江有副是腹
苑、文章發光怪 蒼閣丹田炅兩海 郝子千秋令我喟

鳳兮欲鳴岐之陽 三代世遠筐簾治 棲遑一轍豈得已 周公禮樂大振後
商周遠矣梧桐生 四方日聞絃歌聲 蘭谷千年歎不平 東轍山河無意鳴
希音寂寞磬擊海 斜陽東路正聲沉 黃河不盡一千運 珠衡栗得象魏徑
正氣蕭條龜食尼 戰道荊榛風雨輕 天降宣尼集大成 木鐸將歸洙水程
冬風巳雷一般樓 斯文方屬鼓談會 周雖衰矣侍子鳴 循于道路七十國
天之夫子為經營 世道將迴蒐蕩名 門弟三千絃誦聲 木舌搖搖金口橫
聞琴魯岑樂道深 王風噓送太和音 棲棲天下齊安適 其鳴恨不裡威世
聽磬齊門盈耳鏗 一部麟經日月明 細和滄浪歌濁清 上與皐夔治共貞
金聲玉振大條理 昨來鄒嶧繼以鳴
幾處遺音傳八紘 太山氣像高峰𡾟

庚

周衰孔子之徒鳴

乙

見牧丹爲群馬毁折聞邵先生之言

馬蹄錯落觀梅尽 榮枯有數一卉折 堯夫先見捷若神 西園落花無牧丹
春華追窺理所存 玄妙至彩太易門 相從鞋紅淺落辰 挿策先生曾有言
時維早春始發英 下幽香不減蝶卸去 上風枝雨佛豈易飄 雲胸寧作大風波
卜云明朝將睡根 新葉應添蜂繞喧 爲驗公言登彼園 數百花朝任爾亂
衡朱嘗粉背添紋 華筵主賓惜不得 風聲亦爲氣勢使 曾言息策或難據
遠去青林歸易奔 九十春光雨一番 至理應須知者論 始信天機能透源
如非邵老有先知 燒香探卷子鑑明 明知樂寓太和盃 芝蘭同室頓龍蓮
誰謂殘紅飄月盈 似霧着花吾眼昏 醉裏乾坤無混元 幸接老儒東洛村
神方果驗潞公筵 一嘗時緣敬法驗初筵
妙理初徵司馬樽酉 景何高風花針轅

禡

酌蠡難測雲夢胸 蓬宮抓白肱篋日 華臺一笥視蜣殼 平生器量善斟酌

門前白領休相怕 倩乾蛇珠照腹夜 羽觴何天飛去年 為物難心涵造化

魚游鄭池任欺方 宋不貪以爲寶 銀盃一夕忽無處 舟移壑底客自負

鼠耗張舟看下詠 夜識春山金氣財 安許家僮還怪訝 辟邪刑句詎見罵

快之消裡變化哉 封緘自在事亦異 瓊樓古壁粉能變 鵝盃況是家飛雀

恥向長鯨頻叱咤 物理推遷言足稽 金橘仙樓黃鶴誇 好風清情羽化假

如敢玄圃紫鳳翔 門僮儘訝鶴鐵光 菖花斷燈夢失鹿 翁明宜思學變幻

倘入緱山仙鶴駕 我將寬於盃海滙 芳州何山杏能扇 斡借仙翁玄化權

飄然天上化羽遐 金盃驚破小吏迷

不待人間蘊櫝俾 雖量韓公無罪赦

銀盃羽化

霖雨讀漢書

知時好雨催書種 浩蕩秋水任漂麥 山齋始得五日暇 風俗東流百年心
滿架縹緗視田圃 卷外飛霆忽破柱 班范文章讀一部 晴日何嘗閉書戶
雲林長學感謝假 四思此日足可憐 風朝月夕太虛浪 蕭蕭天雨滿茅屋
夜燈坐遲刺拳股 長我文衛如是雨 鼓眼當覺辨魚魯 山外鳴鳩濕拂羽
江山雨色解藏人 三餘古時豈無隙 優遊餘暇即以學 斜陽泥滑舊登山
情興空聽激船柱 五晝淋霖今豈異 兩漢全書充棟宇 短橋樣橫宿踏衢
波瀾迴出六朝前 山門終日雨不斷 兼之絶勝照書班 寒麗玉鈴游遂拜
軌範能參三代古 書帶春光庭半吐 勤業將追惜陰禹 借作驪珠三動鼓
稠際今日得雨賜 欲來漢書掛角讀
學海春波來達浦 李家高風堪與伍

讓天下如辭至美 花開庭莢祈爲壽 乾坤何似酒杯寬 唐虞至德本無名
一瓢先揖箕叟 雲過簷茅同映卣 二帝無難兩授受 太和江山如藏酒
衛樽月滿世皆醉
金甌即一盛酒耳 金甌即一盛酒耳 勛華至德同高處 三階盛儀揖兩袂
化龍春深人共壽 作蘇賢臣帝左右 天子何官兩交手 九野洪基辭不有
山河何等大寶耳 千秋想象二聖心 推梨讓棗以命未足 雍熙天地寔讓儀
氣象雍容三讓後 禪受中間兩不苟 拱手垂裳義最 賓主華筵酒一巡
三杯禮容上階上 潙嬪二女奉觶立 金膏玉漿釀元氣 分來餘瀝解民慍
百拜高風薰殿后 午日春臺雲彩熙 斗酒茅宮藏已久 酒後賡歌贊元音
綏肩簪老奉雄美 斟將壺酒一欸酬 紛紛後辟挈瓶智 歸來湯武保一爭
獻壽封人祈大斗 輕釋皇王重擔負 百年神州宅不守 碁局輸贏了債君

有

唐虞揖讓三杯酒 夢澤

至則關門閉

清道旌先白帝藏 岳前崎嵓不敢高 當前嶺嶺此何物 重關百二我已占
千里蜀道路不滯 馬首秦天亦為膚 可笑劉郎一時計 無敢先開誰敢閉
羸兒豈無擊瓶智 懷玉一納足使在 風雷鞍鹿適未暇 黃河以北席捲來
天下治知拔山勢 李也生心清渭濟 容汝紅旗暗先揭 九勝餘威誰敢制
宮庭圓合儱祿待 秦京遠色畫中來 阿房只道暮營坐 前驅忽如過風鳥
閑路何無迎候例 遮眼猶嫌閑樹翳 雕馬長程快蹈迷 鐵城淨鎖門鑰嚴
堅如齊客能雞夜 其中豈有備禦容 人間誠有意外事 開門是誰閉者誰
昇似荊王化鳥歲 守牒殆無登睥睨 當西高城杳邈難 安矣劉君真不甚
堅城似山欲飛到 丸泥足非我行在 何村妖鬼說荒唐 明朝下令直闖入
娃氣如朝就牟峰 百萬雄兵方蓄銳 妄想無端生赤帝 亞夫當得來次第

鏡中畫中都是幻 誰家三影月下戲 監於秋水阿石坡 東坡只一現身在
此身散在倒浮裡 柳江千身山上倚 白露蒼葭人在沚 百年生涯如地水
眉山融雨豈別人 荳花小劫未幻骨 風流載啟赤壁夜 青蓮舊遊向騎鯨
玉堂看書惟自己 白髮蕭蕭臨鏡臺 忽謾吾行清瀨渓 巢父清波餘洗耳
蘭舟於從我一人 婆娑野笠彼為誰 前頭宛有舊端明 隨波上下處處同
偶然臨流一面視 影落江心看在是 在顧依然前學士 宛在中流酷相似
此心水面孰真假 南來是何子瞻多 吾身疑化水宮仙 花開萬樹即同春
皆髭鬚毛無彼此 一笑坐江攲杖起 鑑相依教兩懷有 月落千江元一理
坡公尚在地上否 江妃漢女從識面 啟來都是一場夢
笑與朝雲一點指 繡出蘊仙真影子 說與春婆延冷齒

水東坡

歷

起舞屬丞相

我衣無短君袖長 男兒有腸直難田 當筵短褐起秉翟 酬歡適遊二侯間
雙舞華筵貴賤覩 生貴驕人剛不吐 次若將軍座無言 世事高鶴佷儞舞
四月手勢冷暖風 朱輪約過雀羅門 藍田秋雨故侯家 避避高枕起自遊
轉袖人情翻寒雨 丈也親承丞相府 虛佇中臺笙琶鼓 一枕黃麻城日早
華輪道上從金鞭 明知此子偃蹇態 平生直性掩不得 屢冠期獷孰賤言
傲氣登筵揮玉麈 妄恃城南尺五天 何地分明識此態 奈生要王猶衛侮
華瞳鍾鼓叫未央 宜將好誼自我先 傲傲倒弁起雀躍 翻將屢舞屬之子
一舞猶堪娛賓主 不妨相醉於此樹 颯颯清飆生鵰羽 酒席交酌即禮數
清朝固知大臣尊 如今相君不舉手 休將貴勢輒凌人 紆肚舞席醺稱色
舞筵何嫌碩人俁 壯色侯家冷門戶 同一皇家托肝腑 灌夫冤魂延千古

詰

楚漢天地圖如盤 誰家勸令膏腴則 今之得失不遠於 當將籌策侍帷幄
手勢先占下箸處 近日無傷苦辛餘 隻箸較未甚輕著 指揮凡事如轉箸
構成櫓組折衡知 精門期明問安藏 前有人有爲王計 挽權舟策六復樹
地接金湯經遠處 食上金無王有議 封建山河姿借助 繼絶仁風三代據
君王勇於輕斷知 前進不待王言畢 今將何物決成敗 盤中一隻白玉箸
六ㅅ煌ㆍ尚端署 殆武金刀大事去 此非雖難還易觀 何策能蘇吞其拳
籌來利害任縱橫 江山万里落箸處 風塵將事出左令 如合六王轉入楚
箸去安危合乘除 爲項爲劉知何憤 大王從人何太遽 勝去中原誰復御
狂生幾敗迺公事 對將兩箸進一難
無怪當時兩足踞 張氏之子其殆庶

請借前箸爲大王籌之

詩

題上閱玉堂遺稿以誇田夫野老

曉境歸來鄉里仙 浮 宋氏殘夢初醒 泛花彩筆四詑誇 金鑾舊榮視暝境
紫綬金魚畫錦好 我 星秋燁殿猶抱 閑閱歷稻舊詞[illegible] 詩帶 誇世癡心有此榮
黃麻紙上姓名香 薇垣醉夢睍收拾 擇選紅葉覺已失 閑中毋許點檢來
白玉堂中翰墨賓 思類篇中歸意浣 枕畔黃梁凡殘攜 一局陸藏餘舊廿
鴻泥踪跡幾人幻 万其夢也不知夢 虛名不過里人榮 相携田野幾愚夫
蜃樓功名一場拂 夢一驚來還絕倒 浮世堪為語若悟 天上尊榮畏畏討
金泥華誥說天香 清都老仙謫降後 村夫豈識盛衰跡 鍾鳴漏盡世皆醉
紫神朝移誇綵襖 誰事休休說逢時 此翁方超名利道 木落霜飛居已老
芒鞋藜笠陟來地 閑中討條有野老 良逢應作烟村子 蘧菊來了此事休
猶喜鄉園晚節保 問未知名幾歲是 歸馬秋林恨未早 羡謨寶序春夢媼

右

畫裡猶記江南路 驪車歲晏宦情倦 茲山茲水往來處 業逢一步赴上都
歸似陳家竹葉舟 騎竹村深物色幽 舊事依然餘興優 前日蒲城辭舊遊
粉花古社隔一夢 黌臺久居國子職 君門近日乞骸章 令威古里鶴返柱
活水青雲經幾秋 弱冠行裝今白頭 私計田園思退休 張翰歸思孤首印
門前先見稚子迎 難忘易知即此地 門臨遠究十里平 看未歷歷昔遊處
歸對鄉山間興稠 泉石近人爭入眸 宅近清溪一帶流 休老如今消我愁
長堤怳對鬪艸伴 吹蒼弄雛昔何年 溪山某某往來邊 沙邊怳惚舊坐石
古磯猶思垂釣鉤 同隊提携增悵惘 釣徒時逢芳艸洲 花外分明曾繫舟
堂前桑梓亦可敬 高名滿載昌黎序
種自先人年幾遒 少尹楊公二疏儔

指某水某邱說吾童子時釣遊 摘蓮

有

春酒介眉壽 升次上

蓊々蒼白絪縕釀 未食廼々棲檟櫟 我有觚尊共風古 長春萱州北樹瑩
攝提春光一元久 澗飮淙々流尾生 先公流俗重耆耇 太和緹齊南酌斗
西疇黍稷酮股肱 山櫟野李兩三村 離々倚膝稼如雲 禾登滌場報賽夙
子戩恭爲供滫瀡 黃髮高堂開向牖 肅霜瓠罐老語歸 糯粳湯和受味厚
冲々水底井泉香 清秋氣味五重浮 南山翠色上槽多 農家風味慶洗腆
汲爲新醪春蒲卣 水夜晶華々病後 滴々春拜終夜吼 君子光輝筵濡首
盈々大斗挹瓊漿 尨髦疾面皺而長 相看眉齊喜匆々 稱齡食肉不失時
其介維何一曰壽 鶴膝齊肩須且黝 秀氣東南映山阜 墻下雞豢陰散狗
靈春駐頹學神仙 思柔酥兕又移孝 農功初息一日蜡
寸暉輸誠將父母 相率躋堂祝我后 烟月村々樂朋酒

百

九疑山對喬木青 鬱名休道閉九原 君真是耶一驚視 吾家每欲叔々先
一堂彷彿風雲舊 儀表如覩接三晝 疑信中間喜氣又 已矣斯論未不復
賢名可見撤蒼杵 前度侍臣堂日無 章孝春酒暇日遊 偕優叢裡獨偃蹇
顏色宛思補袞繡 君子風儀難再逢 抵掌何人前席就 楚王感而敲献壽
看君與型所老成 衣冠是何似古相 埋蛇遺跡我恒念 台鼎黃髮倘復生
異哉風神拭目觀 談笑依然登幽奏 胥莪伊人天所佑 咫尺稽遑者不諺
如真如夢倐驚處 雖云秦國墓拱木 須然冠服宛如昨 南軒返旆昔何年
不覺搖搖扯執袖 娘異俗唐人及畫 況有儀風毛骨秀 死者重生真邂逅
君從何處現身來 台星鑿閃古彩畫
不意相逢今年廟 老槐前南餘蔭深
以為孫叔敖復生 升三下

屋齋

妻梅 ·· 都會 三下

一春間夢羅浮世 多情不違黃昏約 林廬物色有佳人 孤山處士好風流
素女宿緣留西 逐風肯作春城泥 老儂閒心呼以妻 超世幽盟係托棲
淵明門外菊為雄 松奴竹婢總僉領 平生君癖在新梅 氷清玉潔暗香動
杜老堂前花繞溪 富興林泉時杖藜 閣裡間枝春欲迷 月落參橫疎影齊
幽花隱若處子身 寒天月挹桂樹香 良媒求結世外緣 佳期及今喚玉妃
綺窓春光深似閨 紫陌春着桃李蹊 弄珠詩成初罷題 不待踈枝三寀芳
離盃約向月下與 清心皎潔玉為骨 飄然白髮與不淺 紅顏細吐雨後腮
東聯頻催花裡賞 逐人婷如楊柳低 東閣何人春酒携 皇糚成頭上笄
風情對地不寂寞 隨陰子鶴亦可愛 林公高致何清芬
琴一彈時盧一提 枝上三時近客啼 讀書萬窓聞曉鷄

封五松

壺山

遇風先後相山樹
賞罰分明天子儂
無功木偶百年榮
未官金人十二鑄
當前五松似侯官
青青亭亭身可容
先學趙高佩印黃
更變蒙恬傳詔形
時時風外送波聲
似與東流江漢宗

分茅古制已無施
削桐遺風今可從
如松之茂万世休
惟在求仙情不慵
根如美材附石攀
枝似傾蓋橫從縱
參官備欲謝恩容
揖拜風前如致恭
枝來樹陰蔽簷成
潤注淙淨湯沐供

天皇不德万劫後 皇家封爵列五等
好官如松時運逢 濫官何能加彼松
喬輿文采恭山巔 京達保樹庇身難
驟雨如麻天半春 寸似黃梅霖景濃
無情草木亦樹功 吾家況牧用女
有意君王那不封 大夫之稱高一峯
風來備作奏笙簧 在在所慙勿薦伐
濕乳懸崖鳴鼓鐘 傳子傳孫萃作濃

天下桃李盡在公門

衆芳皆成棟樑任
幾年長在匠石園
應是薦幡彼先容
豈有來榮慊自言
蜀葵洵處拔其尤
穠羅以送今幾當
山門共歌紫芝歌
函在公堂時事論
良工不棄杞梓朽
鳴鳳那栖枳棘原

堂堂賢士總作林
爵爵良材皆托根
明珠滄海合原宅
茂材緣係人物蓄
連茹採得武倭崑
拔萃移來隴西材
芳菲豈可比輿台
和氣春回賓主樽
賢公衆材兩相得
花鳥開元盡色深

繽紛門下自成蹊
地望當年山斗尊
賢材採盡一天下
叢集公門雲如屯
云桃云李生凡常
皎材臨風如玉溫
最材較低任棟宇
滿道徑邪登陞軒

名園桃李萃人材
何以明公皆致門
希望更得劃印樾
喬材先移利甚存
同沾聖代雨露澤
并受賢公培植恩
和風處處共吹噓
養木壽華趁要奔

価直千金心一元
知者惟有是進俺
論心一國士誰傑
射斗中宵光不斂
當如無價莫向直
始到君前秋水灔
須以一推數處擲
已知神算先所占
揮來可見草根除
掃處何須血刃染

産物華夫手合
時遇無根利究驗
磨來越砥寶氣檯
豈向兒人論価贍
名云天子號寶拍
已賣他人相不厭
直爲呢停追惡走
可斬剤山甫占僭
張良一言以合符
不作他時圭以玷

誰能識貝者誰
揮指風塵不厭
坐秤難近若偶
萬甫吾先氣數占
逢寶乃售從坐
物遇英才蓮吐焰
堅金天下以外鉄
已經見吾百鍊店

吾家一劍號將軍
劍兮其人難賣劍
鴻門燕戲豈子是
誰釣筆等亦何忘
君曾將才劍云將
買賣於今何有欠
軒然七尺世子三尺
破竹奔切陷之閃

賣劍韓將軍

上馬亦可用

尚父八十猶鷹揚 心存千里櫪何伏 悵悵攄戟故示勇 兵坐曾擇上馬日
牧野神功至今誦 才上三軍鞭可縱 不安街頭學僕侶 不待當時先識用
揮鞭制閫聲屏堅 兵間鞭弭以身先 前爾消息忽有警 當成戰陣大動勢
誇戟為城邦影重 敵懼愚忠無所恐 偶臣異髮功不共 豈享朝廷虛祿俸
伊翁矍鑠老益壯 挑林奪軍亦指揮 飛身上馬故故武 前驅驟馳可蹤踏
躍起從前心自弘 老馬縱成老驥 為國猶堪臣驥供 後伍先衛結行縫
鞭頭豈有馬不前 捐身為國仗忠義 飛鳥半夜可道蹤 傍人試向馬首瞻
牽人神方日夜誦 樹功餘生德可種 大良他時宜取宋 可見千軍麾下從
威生四蹄豈蒙虎 臣雖髮短志可壯
腹及長鞭嘗獻猿 万馬馳中豈錯鋒

十載疏中推赤心 可思廊廟可稱德 誕其素褥副以素 宴家恩賜素宜分
紫禁先依君座傍 白首朝家宜眷眷 可見心中恩禮既 隨處吾知卿所尚
忠如棟樑假材撥 真一治精有卿 賢卿近日借其老 三時偃息是合褥
奏似弦章山斗望 素心平生非勉强 四物恩須果何伏 一榻憑依宜几杖
粧之以樸飾以素 形乎周屋畢光彩 明達殊遇四素物 人歸嚴上尋僧從
性度他心吾不忘 蹊稜韓侯殊意量 以表賢人純質樣 物見朝端待分向
當前稱覩九仞位 風雲一代際相合 今所尚物之美 吾於万機視無形
巳知明公言其謹 日月中堂光斷放 九錫隆恩猶不讓 休道深宮恚往德
安民遠慮甫宣隱 相隨日夜兩相得
補闕深識余欲訪 物亦如人還不妨
賜以素屏素褥素几杖以遂其素尚

托意貨殖傳

苟怡坐如登壟斷
知君罪者凡幾箇
多財益過毋有戒
無產恒心能不挫
從無績是全忍竊荊
天地世悲此坎坷
文閒理達深含泉
生為丈身恤寒餓
聲姿處以水旱
雋源時非惕懦

書成蚕室從後作
人是龍門何太過
從吾所好賤金夫
擬鏡家中開貰臥
資身文策歎獨無
可憐時人許貝妻
妍巢餘策理蜜則
子貢遺風才不賀
人生勞碌何為何
歲月無情如蟻磨

毫端金賜蓋有意
後得先遂疑是破
初非李陵斷全交
下蠶胡為受縶坐
尚心珠玉事若陋
載籍東書名何播
休言貨者士之常
從此芸窓貨殖課

文章本意當以文
集傳何須論貨殖
金遺從來劍相按
壁無恨中羆何大
微微托意不露情
貨殖篇中想張那
千金之子不死市
素封家中遺代鉞

[illegible]敬

當局精神迷似醉 庭花引客々脉々 多端我思此日事 而皇社稷万念深
有誰傍觀相公院 國事閑心徒戰々 忘却華筵生色聘 諸呂危機不幸見
憑忠每憂寶座孤 風塵蔓艸正難圖 朝廷大事念未了 台鼎主人坐如丈
亂梯將起蕭墻変 寤寐經綸心一片 陸生斑騅來似電 等閒踈簾飛落莖
朱門咀唔太中人 傍心直思果何事 天屏一點暗相通 凝神注目嗒然坐
黄閣低面坐相面 俯仰風雲未央殿 拭眸欣迎好辯彦 客到黄扉情若倦
胥中万念似海深 宗祊塵劫小主孤 時々不見恭山形 今來難試六出計
無味鍾鳴對盤饈 權柄虔時感晩冊 杳々誰逆好時縣 肚裡輪囷憂思惱
圜筵酒闌淺深樽 無心有心對客筵 金刀翻作呂氏世 渾忘通刺膝上亂上
宮漏拜長多少窈 渾似孤花霧中眩 一念方深如水竟 不聞安車門外轉
無慝深々念不時見陸賈

磵西

8

敬

聞滕文公行仁政願爲聖人氓

枕來時作康衢夢 人能作域路已通 身從堙降願出野 王風變州戰國世
吾生若晩唐虞盛 化流蒲盧物自詠 創見仁天瑞日昳 久無仁君行德政
民無制産井田廢 人間何處求王潤 山河起聞偃艸風 分田美制法前代
政務強兵邦國病 有眼難見堯舜聖 近有滕君治德令 爲國良規聞鄒孟
滕、一域五十里 生來幸逢國大爲王 風春農野負耟起 行仁即是聖者流
貴者行之農者慶 盡放辛來治化成 此去隣邦路不遠 域中啟身、自請
吾儕 仁風初願受一廛 公田堪作化東氓 公田春雨願耕心一 三年定行禮義美
治教謀思稱百姓 遠方咸服維新命 皆倣將適耒木柄 百畝均分經界正
滕然爲政擬如斯 今來足稱聖世人 寧效河內歲值凶 滕雖小國化域成
豈無仁祥三代並 鑿井耕田任吾性 可怕鄒閑園作穽 古教遺風野人聖

獻

先朝魏徵懸明鏡 銘照閑凡作鑑戒 敬臣獻鑑集諸臣 皇王明治在鑑古
每照龍樓得失正 德新殿盤猶聖敎 往跡昭昭前代證 所闡惟書非寶鏡
明銅但照醜妍容 南山奇祝誕降日 肅隷異送百鍊銅 揚於奇品水月爭
古史留觀興廢政 左右廷臣爭賀慶 掛照宮中彩眉聖 校背清光塵垢淨
着他宝鑑為誰明 非銅非鐵別有鑑 書來秦漢盛衰跡 名為金鑑庸徵諷
無補皇家治化晟 五卷新篇献佛威 記得殷周治亂命 願照宮床修德性
無於銅照日於古 回同玉燭序廟光 泰樓圖鏡護自明 梁王寸珠不足珍
獨擬明廷垂政柄 何用青銅視髮映 未照當時點首病 四目能照江山夏
千秋佳節一鑑明 兆明吉凶卷上開 誰云賤鑑在是世 煌煌紅帕照勅字
庶補開元垂命令 燭照興亡筆下遵 古人詩編口自咏 從此皇居烈照競

見千秋節皆獻寶鑑獨上金鑑錄

紙

置弘文館於殿側選天下文學之士

奎華色動似李天 奎光地望一條清 琳琅璜佩列清班 秦王大業昔所創
宮延咫羅青莪長 紫府圖書五雲通 郁郁文治從此始 未暇招賢文學士
干戈幾須用武日 中外文物屬重新 蓬萊咫尺一館高 經筵爭似肆筵設
經學猶遲講藝撰 應何休沿前代比 輪奐華扁相對起 制度殊非麟閣時
分明所鑑致治要 貞觀初載闢四門 江山清藻問幾人 詞垣才子集如雲
萬卷新粧有簡史 何處春光滿桃李 肅穆皇猷惟在是 一堂論思明化理
宮商兩掖花滿春 瀛洲十八登獨榮 星輝月輪世運明 黃麻紫泥動仙若
地近三清列仙子 玉堂諸臣良所喜 說詩談經皆可矣 累後文章手出仕
良金並入巨工冶 時時前席說詩書
美材爭輸大匠技 職各當垣朱毫移

君

渭濱釣叟窮而達 文屠羊出身牛口下 屈指古來賢達人 時亂隱跡等魚鹽中

八十來作鷹揚將 秦國猶傳五羖相 發跡多從困阨據 且在則屍巖廊上

人生事業無窮年 文開自謂有志若 生理艱難親田收 家兄亦許晚成材

蓋棺以前須自強 潦倒落拓難爲狀 還鄉結束聊相傍 不求其璞眞良匠

由來壯士多慷慨 英雄不知老將至 縱然今日窮且老 安知貧賤不復振

自擬功名天必餉 窮廬何須苦相謗 志氣差自平生養 莫言衰遲難再壯

雄心儘倍少年時 人皆可誦八字符 抵死不憾青雲志 蹉跎誰怨白髮年

居約寧摧大力量 悲歎窮廬亦云妄 素晦幷幷奚惆悵 吾欲雖衰志益尚

死老壯猷方叔輩 窮居佛門陳孺子 我和生逢眞主世 畢竟成就如其志

困厄中興功獨仗 奇計能令漢業興 龐輩謀猷勗自況 廊廟高名古代仰

窮當益堅老當益壯 柘軒

徑

泗濱浮磬

大水浮在山水間
理具先天自生聽
一洗塵根凡骨頑
在水不沉斷其證
異質輕甚弱水不
至宜著入星子秤
千人不敢自考擊
況童慎勿相持贈
蓊蹇編歌此第一
梁州玉石寧全勝

八音兒中石材難
質於珠玉之無脛
黃帝爭之伶倫造
古傳樂兒名爲磬
庚則之氣滿楞腹
出塵其響神人應
地是徐州有收
笙盈職事供朝廷
一扣能令百獸舞
鳳來儀不勝興

浮于淮泗達于河
万里梯航一道亘
五色文采媧皇鍊
六英精神氣母孕
泗水一淸神禹迹
有石露出先磨瑩
按節不作沉店羽
發籟皆比鳴桑絃
是石堪入簫韶兒
長短序論尺寸徑
又聞擊拊出磬鍇
聖代作樂由天寵

南州浮石鳴吾東
古水今棠亘同訂
地不常有人罕見
間世一出無斧剋
一變精神浮古弥
波上出護魚鱗勝
乃知天生帝王兒
衆樂之中得其經
玄纖綵縞累卜兢
拜毖磬析精誠盛
嘽協孤桐棲凰枝
含韻凌霜立石磴

宥

見沛公欲留関中問欲為富家翁

臣是中陽販繒徒 休言秦府是天府 雄圖止於素封否 家人產業薄不為
尚能有志功名耗 何異彭城誕夜繡 可惜劉郎天與授 乃公初心四海富
豈毋恥學仲氏稼 樊盧諸人望風趍 當當亦懺入関初 珊瑚樓裡宝貝是
浙東從觀秦皇狩 各願公遂辯紫綬 是何紛華倫眼覩 玉女應前花月又
龍顏於此亦玩物 同來壯士但失望 平生大度顧安在 公如只擬富厚樂
似欲忘故痾額副 擁盾男兒眉忽皺 事業無成今乎宙 留此偷安非計謨
難為晉楚大方家 齊名不過富家翁 齊腰纔得秋雍州 人間好物豈止此
堪與陶朱同味臭 只免窮村一圭竇 脯資無多收無圍 試看関外蒼蒼復
齊煙九点物皆積 看今天下久無主 吾儕嘗謂邁真帝 如令全局定于一
水陸象商舟車湊 得失秦原一鹿走 所以從行風雨驟 富有山河誰丞究

願

松雲嶺未成 繡尾魚未長 漢書未了 為可恨

身處巢許蕭書間 人生待足何時足 池魚嶺松與書籤 吾於家國事已了
不隱不仕功名建 高間所願皆如願 猶自憧憧在方寸 晚許林泉爲無恨
魚磯何日望雲巢 松林開卷復觀魚 烟霞痼疾逆旅館 勳名已極聖相林
牛角閒時讀文獻 但願殘年努餐飯 點檢平生無悔怨 身世爭如樂志論
龍鍾不滿七尺身 門生是昭皆手處 游魚短短丙穴尾 蘭培舊史佔畢業
能了前生債千萬 何事眉端攢秘問 晚松珠珠華蓋泉 佳貞衰年彤筆健
平泉花石尚難忘 栽松種魚若千年 笙簧未奏滿衣香 雲飲水流此時恨
元凱春秋終有遜 惆悵吾家買山券 繡尾猶遲金色嫩 豈在紫塗朱黃圃
身都將相二十載 以如游京穀假數年 令人不解讀漢書 令人却憶綠野堂
不復飛花庭際園 可得纖鱗能一頓 誰復松陰大白勸 文武衆公萬世遷

有婢赤脚清泉汲 胡為坐我焚炉中 可作氷蚕不知寒 手持白羽任轉發
有仙赤脚白日昇 四方上下逃不能 難為火鼠堪炎蒸 身依蒼梧蹋瑤墻
縱令氷堆金錯盤 假使輿却玄氷元 癡欲羽化藏玉壺 思去思來仍大呼
山焦石流焦金鑠 火運炎風寒凭凌 万竅迎風集露承 招涼辟暑將何道
朱衣祝融一揮之 三伏炎天幻大冬 雷霆風聚會出氷骨 豈復如霜露赤脚
毋那陰機發長飆 六合不復如炎甑 次第湖海堅成氷 擲棄鞋襪與騰
不顧皓首驚傍人 寧甘卧雪袁卻公 脚下川澤氷璃堆 七月六日渾忘却
直踏闌千千尺凌 不羨秋風張季鷹 炎序輕屈埋層〻 但道流澌如白綾
從此足以寧吾脛 自笑狂夫老更狂 玉井金甃皆分外 可憐觸熱襪子
夜中無暍盤無蠅 不憂林塘寒不勝 東郭敗履毛相稱 爭夜風廊折

安得赤脚踏層氷 二上

噫 江邊老翁乃錯料事 不掩瘦骨寒稜〻

咸

捍水功高馬巖石

旬三上一

蜀江石岸終扶訛　異哉驪江江以北　古傳神馬出其中　厥初開張如有神
漢池石鯨徒鶴劃　天作奇岩石勢峙　蜿若游龍謝畫銜　工人遂以名其巖
風駘邅踠蟠根露　雄州蟠踞賴有此　撲地閭閻當水閼　餘稱屬岩作捍門
魚龍古底蒼苔緘　襟帶千年倚民碞　半是長江之所齧　堤坊不勞携長巖
矻如砥柱力能撐　屹石自在江流穩　泛溢不近清心樓　才影山郭供屏障
隱若長城功豈凡　扶持保藉神明監　汗漫時送長風帆　二陵春秋護松杉
長干獨任捍水功　一江風月管領地　舟人漁子歌田首　看如磐座任澤保
不憂蛟橫與龍饞　澎湃水光開詔咸　望之巋然一座巖　功過禦寧救甚醎
有時遊人登彩舟　蒼岩遠勢殊析奇　名區老石點遷　人渡此江多奇聞
妝兒舞女輒羅衫　極浦時光細雨時　造化奇功誰不識　趙子衛頭駐帆時

文

楚巫解誦靈均詞 藍関雪意動客袖 姮娥笑喚繡肚仙 山靈不共俗人娟
石廩曉降雲中君 祝融秋老迷篆文 一氣奔騰收郁紛 護以群龍常吐雲
環峰曉色接楚岱 嶙峻真面故不露 驕龍吏部踏秋雨 芳榜靜夜瞑衛處
觸石秋度橫晉汾 有物英英朝又曛 滿堂烟雲渾不分 一瓣心香齋裡焚
秦山欲掃蔽日影 洋洋南海鼓舞筆 山神挖破藥珠經 千峰照耀月影斧
襄野思清迷路氣 破肚精誠方出昕 紫蓋高名天上聞 万炷鋪長雲錦紋
望隆回首巨靈舞 峭壁絕頂斷露眉 擎空正氣化長虹 雲梯缺領未曾開
一掃連雲無片雯 軟弱屬身積微帶睡 一枝天葩新吐芬 幾處遊人搔首動
着君仙骨出風塵 春風洞庭罵江神 南御瘴霧近如何 能於天若不能人
雲漢天章思不群 白雲深處更騰勳 四馬蕭蕭炎海濱 唐碑分明種氏云

代衡山神爲韓吏部開雲

未窩

屋

排竹公安祠祝不負朝廷此竹復生

物有精靈神共會 人傳縣庭栢樹青 孤臣心跡著此君知 風霜一節挺報國
對此欲長南荒肉 歲晏江皐蘭佩馥 異日寒乘隱蟲〻 半日丹田種此竹
貞臣孤操懷大安 至心未參蕙蓀情 青山万重海千里 身同飄蓬尚惡根
君子清風咏淇澳 淩犾南來頫有怛 驛亭行人神厭病 凌饒烟花長在目
華風死艸異日事 荒庭老竹君有待 斑竹春紫修子淚 萬〻一莖手劈來
我行何須問難卜 此物終非同艸木 綠笋冬抽走生掬 排之最祠何所祝
孤忠儘有死根主 忠通外直亦本性 孤最晴噓无心風 森然正色立千記
老節将着生続屋 物理所無感應速 寒葉匽抽白日曝 何似幽蘭在空谷
成都古栢晩節芳 恒功參廉碧箏性 交环一擲紙錢飛 有公竟其竹无恙
衡岳秋雲異兆翔 凌虛琅玕可披服 不問最靈論倚伏 再調雷次猶秉軸

五方之色分四序 西王之教同一揆 所以推尊我夫子 若稱先王德尚色
本於太素能成章 至於夫子方昭彰 定爲素王爲蒼王 炎輕用赭黝黃
塗山玉帛玄圭夏 郁々周文々極備 帝闕雲臨入長夜 宸山涸水設國都
亳社衣冠白壯周 中華之衰晦其光 眷于魯邱升馨香 杏壇棍帝開明堂
金拜玉振新常府 鳳泣麟困坐栖々 不用五彩施黼黻 但而不緇無假素
丈席緇帷舊膠庠 天爵方來宜錫昌 只將六藝爲筐篚 濯之江漢曝秋陽
天位何嘗受揖讓 是時麟爲王者尚（安洪棲㞘王道） 是時麟爲王者出 握衣入室三千徒
至治儼若垂衣裳 萬世山河立綱常 一部春秋森鈇煌 列侍依如奉戰障
周冕虞韶是準的 數仞墻高富百官 長令後世仰洪白 嗚乎素王萬々古
點瑟由琴共贊襄 一車轍環巡四方 誰但羣閑振頹綱 賢於堯舜不能忘

陽

素王

有

臣死酒不靈

飮紫霞若仙官也 豈有酏人麻姑氏 而今但恐酒不靈 盈注楊陛下家
未聞仙官桯楷受 業已竊桃西王母 帝謂暇心愛死臣 惟以長生重此酒
名之玉液可万年 祈神天子渴欲吞 何天歲星厭酒星 天廚割肉尚餘詔
來自君山恰數斗 無意金莖曉露取 小臣無厭輕犯手 仙醪流涎余餘口
風流一罪會須殺 臣於生路自知之 仙家抱送百花香 係沾唇忽爾羽化
斧鉞皇家有則有 有不如言酒在自 聖主方期万歲壽 即日微軀仙分厚
如其有驗飮者誰 嫦娥偷藥從云邪 臣如不保螻蟻命 雖將虛斧促命符
若不全生酒之咎 雞犬飛昇亦非偶 酒亦無靈一芻狗 莫奈瓊杯到口後
俳優猶可列仙籍 人靈何似酒靈美
香案前頭侍聖后 曼倩之名傳不朽
千隨

下碁論西銘 巡 三上一

邵子手畫先天卦 誰從探理脚踏來 碁中方識卷中意 乾坤全局万物碁
一圈終成并環形 可把真機手談聽 下子功夫誰喚醒 乞在吾人心性灵
紋楸高掛太極樞 師門近得一奕秋 乾元資始[illegible][illegible]鑰 同胞人物發揮功
王子從橫群聖經 心法初傳西牖銘 坤道生成移乾聖 二儀中間流不停
方圖動靜一箇理 形而上下體用殊 全枰惟待國手商 方其下碁各有則
先把棊盤看典刑 臺局天君惺又惺 實踐皆從明處察 法機傍流開妙局
專心致志道在此 枰分地勢畫方井 繼惟幾何爛柯徒 移將方罫視方册
數推河圖無瑣零 棊列乾文羅象星 理自昭昭行或具 道脈如如從譜聆
求仁又似財中鵠 枯碁三百莫非教 神堯教子有餘術 書可留對靜心陣
對問誰如鐘待莛 混元天機爭滄停 牖學無功萬葉庭 勝負傍觀神自瑩

遺翰

風流餘韻藹然被於江漢之間 句二十 聯

鴨頭波與龜頭岸 後來猶說荊揚戰 荊揚以西峴山高 玆山長在宇宙間

昔人已去今人看 當日胡爲峴山歎 其下滔滔出江漢 終古相傳幾人玩

其間蓋有不朽者 三江形勢用武地 醇醪風味養鶴堂 風流並世不相謀

羊杜聲名同作伴 二子誰非晉楨幹 武庫勳業春秋案 峴首屋來千尺岸

臨亭感歎自慷慨 悠悠往跡一千載 料理過客莫謾悲 公羊遺愛即此地

立石流碑底心算 山獨巋然江不斷 曠世英風終不散 元凱平生思過半

山河大界晉吳間 浮雲不改陸抗陣 遺風餘韻入人深 衣冠晉代子先數

武畧征蠻壹並冠 古蹟猶傳南土間 漢水南流年幾換 山斗當名人共讚

辱臨留帶履齒痕 今之太守古峴亭 空江人去尚遺韻 山公醉興不足多

不獨寬勳竹帛煙 異代襟期堪感慨 洪劫出望似郵舘 兩賢高風如可覓

魚

雪中州軍書 槐軒

思將魏公雪中詠
欲詩韓翁橋上驢

都不解事東家翁 秋拜吟斷白虹研 晴窓起坐玉龍背 帶山十年讀揮毫
是夜獨釣寒江魚 殺氣吹冷玄冥堆 滿腹詩閑隨手攄 雪壁經綸藏此書
金陵殘月夜枕戈 山河半壁醉眠霞 玄冬氣色寒如鐵 梨花滿地白之出
鐵木寒拜秋掩廬 鬱鬱風雲腦裡儲 十月乾坤風北睚 玉屑飄空深尺餘
吳山楚水靈運洙 爭秋烈士忽悲壯 時當李廣入城卯 三杯欲洗硯石盤月
慘憺浮雲封石闕 天地寒威能起手 夢驚承安憂國勳 倚劍寒宵望斗虛
藏未發名八陣圖 青山假我一張白 常山陣勢作平睨 銀花万片異化金闕
携滿把橘三夜裾 海崑斜仍呼若如 馬陵兵棲書白杉 偉畧龍韜開卷舒

又

居廟堂之高則憂其民處江湖之遠則憂其君

宇宙間事皆分內 餘年辭老晝錦堂 雞人亦知我心事 藉非存衣任各故

出則諫疏入告猷 盡日野公乘水舟 到處寒灯催曉籌 憐民先君皆我憂

宮中丹扆日萬機 伊誰共賁傳納誨 人臣皆有進退地 何心台閣伴食相

海內蒼生烱九州 一是吾人經濟謀 廊廟江湖風馬牛 晚訪湖漁村賒酒遊

浮虛世事寵辱場 天於是身降大任 田家水旱歲不登 倉儲一身大堪樂

此喜人情登岳樓 慶曆朝廷餘白頭 聖世須埃恩未酬 廟謨洋々湖夢秋

台廊改出減租漢 未爲股肱去肢亦 人瞻有儀瑞世圖 傾仰葵藿因物性

江國誡陳補衮闕 一般眉宇憂色浮 寧豈無心隨海鷗 重負如山蟻自愁

今昔鍾影羨全張

古戍雲林托某由

謙

紬使舊邦光四表
餬人周家善王迹

莘配太妊資內治
遂生文王歷民堅

綿綿瓜瓞舊沮土
推將西岐春色放

當時若無季氏賢
後世誰傳太伯讓

天心眷顧拔棫山
人迹微茫採藥障

荊蠻風土斷髮國
寂寞孤魂何處奚

兄雖止孝弟則友
萬事岐宮孤雁悵

天寒栖社歷欲盡上
地闢荼奠居始壯

居然益國有國人
下幹蠱俟虞身自強

三朝世子百里興
上帝於周新命貺

分明太王有長男
至治千年民不忘

三杯手揖出偕酒
萬里身投蠻遊瘴

洋洋舊譜伯氏壎
大雅詩中欽一唱

山聞鳴鳳野叩馬
三讓乾坤心英伏

承家頓覺位次第
傳國深知親意向

使泰伯讓國之蹟美亦並光顯于後世

皓

堯舜周孔之道如鳥之有翼魚之有水

四聖以後吾唐晩 春怡物々各自得 幽谷日暎款遷木 胡鯤翼也胡然水

烱月春怡夢邂辟 老者躍者天機法 丙穴春深詠在藻 先聖先王以是道

虛雲午日相覓節 日用兩吏不可離 譬如三面昆虫類 無翼不得翩々高

礼樂春秋春頭腦 千載好傳明光室 川泳雲飛得意早 非水何能潑々好

未學全昧魚鳥理 敢議同於冥擿埴 然矣治世咸若化 昊怡物羅庭闈藹

長夜乾坤入佛老 落羽堪悲懶吞毛 徒甫沙門福田禱 影子寒波月留皓

祥翱過鳳升天明 聖心化々同工著妙 八極圍蠲鼇足撐 是時疇若予上下

玉尺遂陸環洲島 所以游隣咸庆日昊天 二儀清濁雞子抱 聖治如風必偃草

心法不墜傳衣鉢 啓睽生晩能好古

品彙相從乾溼燥 六代人文煥可考

衹

周轍東矣文星晦 犄相未免覩天井 來殿之輅察天衡 龍门太史晚生漢
百年寥寥戰国史 董狐安知祈輪技 萬古春秋我夫子 俯仰乾坤察物理
天皇日月建北極 恒居其所運四時 甚焰歸把木天筆 賢良輔弼入世家
軒帝山河作南指 利用斯民通萬里 五五餘言扶竹死 帝伯皇王蒼本紀
包識書契後事 天官世業又哲匠 徽垣象緯紫極高 天尊地卑大規模
合入文家一統裏 上同乾文下同軌 澤雷精神并載後 列輻羣星環在彼
其躔與乃廿八人 居窮運處有燭明 光分翼軫究觜天 蒼蒼列宿坎坎檀
再輔分明三十足 一部山川文始起 路通梯航君流水 大方家中一其機
閏天運度月寄閏
參地盤渦雷轉似

代太史公作世家歎 二十八宿環北極 三十輻共一轂

論聖人出類拔萃歎麒麟鳳凰泰山河海

一鳥絃歌天下廣 秋陽江漢穗端木 升堂拊化七十中 非惟物之亦類

道大不容知何病 玉振金聲語鄒孟 有若撫衣函丈教 拔出其中千古四

崇岑巨瀆大人象 纏爲地脈出爲踪 登臨眼日俯下土 無非太極動靜由

仁獸祥禽治世慶 自判鴻濛運化陶 羽毛紛紛流峙併 何限昆蟲飛走出

明時乃見鳳麟至 尼岑不老泗水清 森羅方象人品手 誰非出類拔萃於

一統同歸海谷渡 楚狂歌中無得政 群聖人中衡斗映 鄉邑家門天特今

春治咸集四靈儀 軒羲以來集大成

地勢全歸一質正 萬世日月無時竟

塵世儘貴仙境在 風流孰稱李郭舟 星冠月珮濟濟儀 瀛洲本是列仙居
幾人同誇一條氷 地望還同元凱朋 仙李乾坤應休徵 世人終難於此登
瑤岑近天路豈通 寮蒙儒足問幾輩 干戈偃息武德初 緇帷函關寔清簡
陵海多風舟未乘 虛影無問徒說稱 應運鴻儒彬彬興 一點文星光彩騰
三特講學侍玉座 天廚珍饌御廐馬 尊如宰相尚難匹 依然玉府唐虞仙
更日直廬待青蒭 十八班中恩寵矜 貴似金吾猶莫憑 人所難為某獨能
風清閬苑瀛洲界 商林若化蛻殼蟬 須着玉署講經筵 仙都物色見銀花
月明丹嵒居上層 千里爭思附尾蠅 無乃清都璇月澄 異草琪花香見凝
人如被仙即登仙 丹青又畫七分容
羽化何勞天上昇 一堂風雲生色增

登瀛洲

浩齋

出迎蔣子個異語良若遠涉江湖是書氏說客

丈夫不可輕出腳 行人舌欲駟馬馳 逢場先屈蘇張舌 風塵虛魏名分路

四條書燈講磨歲 却暫心如泰山勢 辯鼓餘風登客枝 但以男兒把經濟

發雄幕下作何狀 我恒昵日起遠想 朝來探由候吏報 秋風忽然布帆掛

計處客中托爽契 意謂報名喧一世 北人孤舟南宮擊 行色安閒萬中製

轅門闌處出而迎 四墨平日斷金誼 長湖西岸十月波 風餐露宿救辛苦

故人心機光默歸 近感今朝遠駕枕 不減春水方生滯 轉浪歸濤杳迢遲

那知老友涉遠程 休言蔣君訂察客 人生無限可做事 觀人甯何不知人

反為塵埃事遊說 先入固卽心笑細 尚口今何誇片藝 時計若將先取許

堪嗟故人野服製 歸報曾公善奇國

反似蘇子貂裘弊 丈夫威剛豈吾有慨

燈下畫卦看地水 居秦孰謂百里愚 何相見晚上座迓 如天望仙出兵仙
果遇師中丈人姿 在齊嘗聞孫子奇 共對我燈新酒卮 韜略無人爲我師
商張拜發孰敢射 吾軍幾敗幷陰逢 成安不堅計不用 齊中未能試奇策
獨對楸枰無敵碁 廣武奇謀心已知 趙壁居然張漢旗 身上翻着加綫縲
伊人易知更難忘 身雖作俘計最長 英雄有眼識英雄 南冠君子宣所願
募以千金生致之 備問如今知者誰 捏捏逢場肝膽披 黃石神書今在茲
迎而解縛事以師 從容來可勝策運 請問前日背水陣 孫吳妙法足談頭
玉帳風塵須刻移 何君今推師道推 自愧兵機稍柏寢 楚越新情便照眉
金窟紅塵變化術 燕齊明日送使者
惟願兵間隨指麾 果然其人謀不危

後題日解廣武君縛東嚮師事之

蜀中方覺五更長

長生殿裏無長夜　名花已落百年枝　悲之長之夜不長　華清苦恨應乞心
迢々七夕樓頭盟　杜宇偏逃此夜報　百感重々心上來　五更無時添一更
眠澤角枕促朝晏　風深律上一夢圓　平明車駕馬嵬路　棠梨春新海山約
滴滴銅壺愁海傾　未憶宮鷄催曉鳴　忍送覓魂離後生　亞炭天空雲雨情
青驪倦路爲遁來　哀猿啼送欲落日　心隨暮雲萬斤消　三更纔過四更遼
帝坐淚々邑子城　暝色蒼々悲緒萌　淚和林鈴千点橫　獨坐行宮難短檠
推窓看月々猶明　通宵轉展寢不安　山名嬰鷄曉報遲　悲心直與錦水深
倚枕將眠々未成　簾外鬼報催鶯莹　地多哀猿催恨鳴　終夜寒淚報不平
千歎萬逃我已固
短更長宵誰無筆

徑

氣數細察乾坤內 長年殺伐決去就 紛〻時事〻我不閑 任給抱歸大王家
果然劉家天命應 全局風雲占敗勝 落日彭城歸馬鐙 白首曾期天下定
三巴日月漢幟送 干戈世界獨為楚 健南鍬出九疑山 王心盡南術中運
九郡山河楚業剩 八年歸來底盡程 千里羈旅言至有睡 我謂居然耳外聽
疑端很欲一壁破 今來大事太半非 歸心浩然已納履 殘棋一局任自為
哲〻吾心無所讓 無意臣身在王廷 伯業蕭條如破甑 此辭君心誰喚醒
玄無遜耳勝負場 胡為項王幕下臣 鴻門之恨未登擊 中途改路當本意
李亞從心輕重秤 盧作劉郎眼中釘 會恣摩挲玉玦瑩 終閑君心太迂庭
荊天蕭瑟伯月冷 江山萬里夜血腥 淒范已去不重瞳敗
碭峯龍蛇雲氣空 禍雨何村室如磬 〃雖不逝兮亭長艤 舟待

天下事大定君王自為之

奏

會漢七年十月長樂宮成　監初次下

元聖納禮明堂開　時逢新制玉陛高　朝宮正開渭之北　儀文草刱八年後
文物周家永有賴　濟濟群儀參侍嚴　煥然儀章和氣藹　護設南宮大朝會
層霄俄見殿柱擎　風塵天地古禮墜　天生叔孫習蕞蕞　衿紳裝門學魯儒
輸與誰營帝宇大　講明儒風果誰收　大漢乾坤運回泰　綿蕞三時郊野外
天心正欲做一治　皇居初闢漢七年　彬彬禮興一月餘　新樣已頌鳥革美
奕運星家方未艾　紫陌香街通九逵　翼翼宮成五雲靄　瑞儀同看鳳羽翽
風雲慶會豈偶然　須看儒化振鄒魯　衣冠濟濟九級陛　呼嵩百僚獻壽酒
經始規模宏發蓋　正位星垣起豐沛　等威森然眼不昧　劍芥群侯分大旆
宮之成矣禮亦備　他時未央亦重威
瑞應聯聯若薺蔡　良相宏規亦何害

有

酒國倘有陳鶩座 左手持螯右手杯 傍覩慎勿高聲語 尊之吏部不可親
仰面仄瞻低頭久 又向腰間步見綬 人是當今畢吏部 小隸何知惟掌酒
清朝叅望世皆仰 團圞杯酒長官聚 中宵忽何盜飲者 風流倘似楚纓絶
比舍為官事不偶 隨分三時供趍走 不問其人只縛取 法意還同契貰守
天明只可送官司 朝來忙向甕間去 倒拜不辨客為誰 天官劍佩此何人
醉路何須輕犯手 為念終宵辛苦處 對面將知人是某 熟視仍兼顔分厚
明知隣舍畢郎中 人誰瀾漫呵止初 初焉瞠眼復轉舌 當前此手解其縛
當世聲名高北斗 事列君山痲飲後 冒犯尊嚴何等罪 別處殷勤斟大卣
喧傳巷外兒小兒 明朝敢望杖屨臨
晴書廚中止老婦 催釀清醪有以有

朝視之乃畢吏部 㭍堂

歷三

孔子以萬世爲上

生花一度春王正　初元建極歲庚戌　寰宇坐失一統志　山河非朕帝王家
九字十幹相參伍　六合無垠日亭午　土地人民遂万古　帶乎其時無虎土
尊王也故必從周　弘量大度小天下　詩書禮節統万殊　周旋何莫非辰拱
無位云乎徒虛器　書社之封亦命數　今古機權入掌矩　包括還為東壁府
仍秋皮裡大統業　群雄折衷帝王地　中於一元業益庚　年先積以十百千
一貫規模邁三五　疆域恢恢天下普　參以三才心獨昔　成數居然万斯取
無疆大曆孔氏家　雄如漢唐即閏運　衣冠玉帛万國會　承家開國不在土
版圖煌煌兼鹵傳　遠似禎當作元輔　華苹長在洙泗詩　誰是膚腱誰寫囪
封疆宜視轍環跡　包函一理極圈中
地任還非匕鬯主　氣毋相隨如鼓舞

[illegible]

縱使哥哥今在此 無如識主赤兎馬 收斯兩賢豈相左 前年五閑脫身歸

塵余論雄勸梅酸 且用有眼青龍刀 感君授援仍報桃 厚意雖是逕相操

窮途孰不感贈策 風塵十載開一面 華容暮道一門開 危機北肯走匹馬

獨心人無思嘆嘆 鄴下歸雲頭幾搔 當面黃旗推雋驁 勝勢南荒浮萬艘

前宵撰之聽約束 蹙眉鳳目注視處 四射子豈畏雲長 人間壽亭孰所封

背後關禽將戰鏖 特地層雲天半高 下馬吾方呼老書 昔日雄威今苦慮

男兒報德亦有日 無珠何借病蛟倉 公私休道兩不濟 陣前好去莫久淹

一縷仍饒生路逃 曲木遙驚憐鳥號 幾度無向探甲勞 商量長南風執綠

危機塲雖學脫兔林 挺槍躍馬五步地

猛氣淋滴起倖牢 活捉淋無才氣豪

華容道放曹操

遇

競渡戲

宋玉招魂魂不返 堂堂毅魄足千古 寥寥往哲一屈原 當年懷石楚君知
至今若遣蛟龍怒 歲歲端陽又一度 傍觀波頭屢學過 擬救何人不競渡
誰料魚腹竟發識 傷心其日五月五 歌吟芳杜不盡香 居人且莫汨頭祭
遂其鴟夷無繞辰 無地遮臣起古墓 惆悵青楓無限樹 巫鼓洲無香一炷
天生湘水不平鳴 孤魂亦記此日至 滔滔全楚未齊恨 中流桂旗怳可接
人亦如之此中寓 曠感都緣之子故 各自飛尾柱浦渡 特地悲風如欲泣
皇英於此莫煩冤 千秋烈士屈三閭 精忠一代使人感 孤舟明月幾孫人
安妃胡為如惡訴 今夕投江江不瘥 指作千村如戶喻 數被孫枕楚山暮
尋常屢見回四壁 文章瘦在古今恨
十分魚龍迴河護 過江投書覓人傳

百

七分眞相三分夢 風流律盡爲屛 詩神喚起七十塚 銅臺主人大稱心
終古癡英死於嬌 雲雨臺前虹作橋 虛影與花飛半銷 移動東吳鳴二喬
青孀草沒伯符恨 屛山七夜羽扇低 東風敢助將帥性 連天火色北軍灰
翠娥琴歸公瑾調 過行神詮碁局消 都督樓船江不勝 刮地波聲南岸潮
軒戈造後二千年 風沙磨洗折戟痕 翻將鄴下宿候晚 蕭々轉作反睦看
三国鏖兵青汗濶 懷古人情誇六朝 怨入樊川吟韻飄 頃刻陰陽移犁翅
長江其日好々風 奇緣連屛月宮娥 重簾不捲御爐香 無邊月色不盡春
替與書瞞仙畫鏡 妙事緣成金屋嬌 鎖在樓臺花外寮 雙去隻來金步搖
新情屋烏爲誰好 西陵秋雨欲暮天
後約床鸚如角樓 畫眉佳人同寂寥

銅雀春深鎖二喬

有

途中見章子厚乃迴返

飽喫細和穩大語 一般雷州惡司户 年來百事不如人 逢人長避郎長途 四
歸時替爲章公壽 幾年來陽杜工部 一夢仙都還羅手 子瞻平生惟子厚
行程到是壞繁相 緣他腹中造寡事 人間絶倒死端明 身非化鶴空華表
命宮非閑磨蝎守 七載留人南國酒 生返朝廷喧萬口 事畧首手空白首
前遊茅向故人說 瑤皇果憐百謫身 非烟似霧起忽忽 丹梯未上一人近
無奈餘緣惟俗曰 脚下靈山許八九 如佛經仙逢某某 大路如將賭勝負
中朝物色慣眼甚 爵靈者流尚輕佻 頑皮厥骨十年面 從前我已不相較
前度鄉衣今壘綬 李寬其人已老朽 未撲台鼎壓數手 上策無如棄甲走
避荒又甚所大欲 間閑已負踏始到此
冒奪云何無不有 復逆橫奔追我後

[illegible]

尹西金骨凝元氣 赤松子是荒唐說 崙橋寒月始現身 媧皇鍊後戴軒轅
千年世族中央宅 蒼水使爲疑信跡 孺子張良奉赤舃 尹姓其家名曰石
先天花甲歲萬千 青州一派入禹貢 狂[illegible]璧適位白帝秦 駈鞭不侵作海门
後世雲仍譜二百 怪奇其形伴玉帛 不露形神精氣積 頌功亭系之鄒嶧
東皆敗橋化爲人 他山一約穀城秋 流清琴擯禀眉目 精神倍長水落後
教以張生運籌策 形色依然不改昔 文若坤象租骨格 特立山頭日已夕
兵仙舊面色不變 杖材肺腑可其語 函関客去駕牛青 蒼蒼若西正色邪
啓母而身形半瘠 如犬光陰幾遷易 舉岳人登賦年白 不轉千秋似舊碧
杯香衣染菊神來 瑩瑩張也拜稱丈
叢格心長橋老席 蓀祠當年誠愛惜

黃石 海岳

真

適長沙觀屈原所自沉潭悲涕想見其爲人

日落長浦秋色遠
思君不見下湘濱
先生忠節死未已
幾死文章生不辰
清秋歸客立馬久
水何無言山自嚬
花黃肯菊西郊假
葉丹江楓形容真
蒼凉老木葉半凋
如對當年憔悴身

不知魚腹骨無恙
宛如白日渚降神
男兒二十始南遊
匹驢湘江氏幾臻
流波上下想陳跡
浪杉朝朝四看頻
鳴蟬露柯烟鬱鬱
知此千秋如可親
投書何日過此江
賈生能文才絶倫

波寒洞庭未敢言
浪泗江浮泊客中
忠魂萬古問諸水
楚色蒼然迷古津
精神遠而杳漁舟
影子寒天來雁頻
江頭棟葉白年年
伴蓀王孫幽草春

長沙來見聽屈原
我亦平生多感人
覇重浮荷殘衣裂
兩岸汀蘭餘佩紉
人生不死死則然
想象其儀清不塵
寒潮白馬地無兵
凌露蒼茂人宛春

諫

雁足上書

淚望故國霜前來 君歸越鳥恨何極 黃沙秋月繫足書 孤臣使節久蟄胡
南海蒼蒼漠山際 傳信河鯉去應慣 拜送南天心不慢 閱歷風霜如客雁
心雖長寒亂害惱 胡兒處處恐騎射 秋深鴻關斷音信 身臥海竇鼠已掘
意似含蘆落旋攢 從潯春風未歸違 萬里遥天淚眼間 幾危天山幾久春
微臣生死帝豈知 邊城八月去雁多 憑諸短喙或恐墜 著來甚足寸許長
射鵰驕兒弄欺慢 欲寄帝書心已辨 付之雙翮猶難據 帛書輕裁縈不緩
毛輕順風去不遲 年光十九所經歷 歸時莫過衛律門 丁年鬚髮鴻影飄
翅侵寒霜封豈綻 雁字書來體不幻 或恐其人謀反間 甲帳風雲鳳駕安
商秋上林帝若射 他時歸駕伴征鴻
親覽應知臣死贋 麟閣畫名誰敢嫚

東

大風起

英雄覩地先王以 得人夢作軒宮枕 雲飛一闋返鄉帝 山河百年帝王氣
刁刁激激万不同 解愠歌騰董殿桐 晚響收歸寥戀中 鐘得金刀鳴以風
嗑來淨市識飈赤 居巢老狗不知吹 飛扉清道列子御 腥塵掃盡戰年年
吹脫灘黃旗颭紅 嘯剡刑山泛席雄 戀鄉星輿歸沛宮 大業初成衣一戎
楠送擊筑別有思 斜陽竹風坐冷然 江山氣色轉不平 盈於天地大而遠
我髮要星塵雨灣 四顧枌榆王四義 草樹精神翻入空 和歌絃頭般無通
湘山伐答笑奈施 王春一脈護岳中 雄鼎拂翅畏在律 崢嶸老柏不改陰
孟津推鉞成周功 歲暮鄉山思不窮 商鳥雉鳥棲蔵信弓 颯葉鳴條兒童童
藹藹飄髮立何相 羅衫弱子戚姬抱 安危一念任愠中
勃勃吹襟侍周狗 甚乎南飛奈鳴起 舞龍扇飯颶颶

文王孫子本支百世凡周之士不顯亦世

百年崗梧栖鳴鳳 削則為圭藩國封 在傍松柏亦蕃茂 有國受命曰有本

子葉孫枝固根柢 斷以作琴清廟祭 無不甯承承且緇 本固邦寧文考世

基肇豳郊稼穡日 穮秳浚我長養地 臨衛向罰伐崇密 時刈有若臣不敏

業承郎室種穜嵗 作人新化王豈弟 間田質成爭虞芮 親炙庭訓多才藝

協贊寧王奠基業 皆上黄羅若千尺 有道家業曾孫篤 七章新詩追述意

逮事冲君纘緒系 明堂禹闢遵王制 無逸書編老臣製 在天先靈陟降際

帝乃西顧陳錫周 兄弟十二配天皇 皇皇穆穆宜君王 本為天子支為侯

文子文孫億其麗 公孫廿五追軒帝 歷服無疆傳世計 靈長百代引勿替

位尊才秉宗統傳 克生王國思皇士 乃祖乃父從其享 緜衍國基繼神聖

爵列五等藩屛衛 俊髦其才志行礪 不顯其光太廟禘 喬木家拜及苗裔

嗚呼念我儒子王　無念爾祖王蓋臣　名祀太常績有成　若稽唐吳迺騂治
惟恤惟休宜勉勵　修德配命京國惠　恐累大德行務細　典謨詳、備書契
后稷厥后臣稷臣　鍾鼓玉帛禮樂云　降至夏商歷年久　皇孫有訓五子歌
猗歟一堂戒不逮　揖讓[illegible]酒受授例　明德恤祀多聖睿　夏室中衰篡臣羿
賢聖六七殷王家　自是厥後國或壽　穢德彰聞罔念聞　興隆莫不藉賢輔
阿衡良弼相代進　号桀号紂多暴厲　用殄厥祀天不貫　廢絶誰非有寵嬖
厥鑑昭、在不遠　惟我穆考克慎罰　政敷蒲盧南國化　不遑暇食用咸和
戒敬後王宜塞諦　誕受厥命我殷墟　照若日月西土揭　庶邦正供徵為稅
經始靈沼民子來　王在西山利用亨　天監厥德作之合　關雎至德應麟趾
澤及枯骨衣冠瘞　宅岐何年作墓竊　大邦有子在渭汭　貞靜幽閒化姪娣
甫、宣星諸侯妻　化行俗美近而遠　婦於宗室嗣徽音　亦粤寧人承厥志
三五東天小星嘒　村女猶戒撫我悅　則百斯男惣且慧　邑姜之德以配妻

變伐牧野一戎功 白旄黃鉞應休祥 六師各唱武宿夜 億万受臣各離心
大會孟津三篇誓 火覆流屋魚登柑 清明會朝塵雨霽 三千周士同蓄銳
殷王先哲迹雖泯 欲逃麥秀朝周路 歸馬放牛告武成 獻獒西旅服聖化
其奈渠家天步蹶 無怪殷民從流涕 坐治鎬宮垂衣袂 貢楛肅愼路遙進
三冊圭幣代某誠 遺家不造後嗣王 形如少年多疾病 四輔耆臣無遠志
祝冊金縢協龜筮 幼歲御極危國勢 醫國其誰調藥劑 五服藩貢輸薑桂
夙夜戰兢若涉淵 蠢爾當日四國亂 傷心骨肉處變事 明畏弼我丕丕基
基命宥密求攸濟 大誥多方朕其逝 金矢利艱乾胏噬 威用不敢天命閉
丹雘遺制梓材講 徂東宿兩破斧後 同時碩輔召太保 功懋懋賞有國典
安危保我苞桑繫 不暇明農退就第 南土宣風棠下憩 茅土新茱鎮東蔚
去年東洛先相宅 宅洛即我先王志 粤瞻伊洛鼎既定 三月初基新大邑
祈天誠民恭奉幣 三逢嶽郇早望睇 乃卜澗瀍龜緩擧 方民和會播誥說

卜年八百世三十 百王趨事位迺定 庶殷丕作遷厥居 稱秩元祀惇將禮
自服于中王始詰 万邦入貢路不滯 不復頑民敢睥睨 郊祀新邑牛羊犧
年
万邦基定東國洛 休享皂白王拜稽 周礼又定尊卑序 越使重譯來獻雉
此是王家大関棖 則經文武何敢嚌 上自公卿下厮隸 指南新制改輪輿
於乎皇祖配天亹
懋哉如覧升歆地 恭恭在上明在下 建観七廟籩豆踐 共国咸休来助祭
陟降洋洋臨庭砌 詩咏文王一言蔽 朝會六服庭燎晣 蹌蹌毋離我家慶
懋哉如微見升歆地 降福孔貴伐鼓喤 百礼既洽備威儀 無思不服鎬辟雍
駿奔多士無困弊 神其格思鳴嘒嘒 衆樂入奏無淫泆 上庠養老甘具腝
士女東都不知悔 國其咸寧士日時 以享祖考咏楚茨 王年耋臨懷鄰及
朝同拜侯迎夫婚 利征弟兄相連締 既翕兄弟賦棠棣 使車載馳歌杜杖
乎外律曆順月令 篤劉遺業古豳風 黍稷稻粱衆夫慶 百室盈止屢豊穰
於變黎民無疾癘 卒歲衣褐無破敝 私趾春田効種藝 千耦其耘徂畛畷

無告孀婦亦有利 太平氣象驀春者 滛俗不見贈芍藥 祈、采藥、兼采桑
刈穫時多不飲糟 遊女踏青修其禊 嬌態相効秉蘭蕙 載陽春日無風曀
取彼狐貉為公裘 稌兒踏臺祝万壽 命之不易天難諶 允文、祖克開後
狐裘蒙茸毛極毳 走便相交奸不贅 嬌懼共意無世泄 繼述敬畏天不懠
蒼姬緜緜業望 我東 戒
文謨武烈論一功

역자 소개

서정기(徐正淇, 아호: 躍淵 · 北岳 · 勳老)

4 · 19혁명 선봉 및 민족통일전국학생 성대조직위원장
한국유학연구회 유교사상 편집인
동양문화연구소 연구실장
성균관 전학(典學)
한국청년유도회 회장: 예법(관례, 향음주례, 사상견례)부흥운동 전개
동양문화연구소 부소장 및 소장: 세계 속의 한국학운동 전개
건국대학교 대학원 철학과 박사학위 심사위원
민중유교연합 의장: 한글제사축문 보급운동 전개
성균관유교진흥대책위원회 위원장: 도덕성 회복과 새사람 운동 전개
성균관유교문화연구위원회 위원장, 태학지 번역분과 위원장
민주평화통일 자문위원회 상임위원, 성균관 유교신보 편집인 겸 주간 역임
삼경역주 성균훈로상 수상, 성균관 태학지 번역공로상 수상
현) 동양문화연구소 소장
(사)한국예절교육협회 상임고문
김동식 장군 기념사업회 상임고문
(사)충의무예원 고문

『世界 속의 韓國文化』
『世界 속의 韓國精神』
『世界 속의 韓國儒教』
『世界 속의 韓國禮節』
『世界 속의 韓國流風』
『정통가정의례』
『민중유교사상』
『實錄기소설 공자』
『새 시대를 위한 大學 · 中庸 · 禮運』
『새 시대를 위한 春秋』(上 · 中 · 下)
『새 시대를 위한 詩經』(上 · 下)
『새 시대를 위한 書經』(上 · 下)
『새 시대를 위한 周易』(上 · 下)
『새 시대를 위한 禮記』(1, 2, 3, 4, 5)
『새 시대를 위한 論語』
『새 시대를 여는 길』
『根源探索』, 『道學統論』, 『成婚錄』, 『김동식 장군』
『아침 햇살 영롱한 대나무 열매』
『하늘로 날아라, 못으로 뛰어라』
훈로 서정기 선생 『유교대전』
외 다수

영인본 海平尹氏 世乘

초판인쇄 | 2012년 9월 12일
초판발행 | 2012년 9월 12일

엮 은 이 | 윤제규
감 교 자 | 서정기
펴 낸 이 | 채종준
펴 낸 곳 | 한국학술정보㈜
주 소 | 경기도 파주시 문발동 파주출판문화정보산업단지 513-5
전 화 | 031) 908-3181(대표)
팩 스 | 031) 908-3189
홈페이지 | http://ebook.kstudy.com
E-mail | 출판사업부 publish@kstudy.com
등 록 | 제일산-115호(2000. 6. 19)

ISBN 978-89-268-3693-4 94150 (Paper Book)
978-89-268-3694-1 95150 (e-Book)
978-89-268-3689-7 94150 (Paper Book Set)
978-89-268-3690-3 95150 (e-Book Set)